4차산업혁명시대의 **공유경제플랫폼**

산업분석보고서 2024개정판

저자 비피기술거래 비피제이기술거래

Sharing Economy

㈜ 비티타임즈

4차 산업혁명시대의
공유경제 플랫폼 산업분석보고서

BT TIMES

목차

Contents

I. 서론

1. 서론

공유경제라는 개념은 이제 더 이상 대중들에게 낯선 단어는 아닐 것이다. 4차 산업혁명의 발전으로 많은 기술적인 진보가 발생함에 따라 관련 사업들이 형성되고 발전되었다. 그러나 현재 많이 알려진 '공유 경제'라는 개념은 과거의 인류가 경제활동을 하는데 있어 필요한 자원이나 도구를 한 개인이 소유하기 어려웠을 때, 또는 소유하더라고 개인이 관리하기가 부담스러울 경우 다른 주민들의 도움을 받아 사용하는 경우가 일반적이었다. 하지만 과거에는 이러한 도구나 자원의 공유가 그 해당 공동체나 구성원들에게만 한정되었다는 점에서 현재 '공유경제'의 개념과는 차이점을 가진다.

급속한 경제 발전을 통해 세계는 과거보다 우월한 물질적인 풍요를 누리고 있다. 하지만 그 과정 속에서 발생한 경제 발전과 개개인의 소득증대 및 물질적 재화의 증대는 일정 수준의 한계점에 도달한다. 이는 시장의 역기능과 지나친 소비주의에 대해 비판적인 성찰을 대두시켰고 그로 인해서 각자가 소유하고 있는 자원을 공유하자는 새로운 가치를 창출하는 경제 활동이 촉구되었다. 이는 지구의 환경과 자원을 보호하면서 4차 산업혁명 기술의 발전과 발맞추어 여러 가지 분야에서 경제활동을 위축시키지 않는 하나의 원동력으로 자리 잡게 되었다. 이렇듯 세계는 점점 소유가 아닌 공유라는 개념을 중심으로 경제 활동방식을 추구해 나가고 있다.

이번 보고서에서는 이러한 현 4차 산업의 발전 속에서 각광 받고 있는 공유경제의 개념과 특성들을 알아보고 이러한 공유경제가 갖는 시장적 가치와 경제 플랫폼을 통해 어떠한 경제활동을 해나갈 수 있는지, 또한 어떠한 경제 활동들이 진행되고 있는지에 대해서 알아보고자 한다.

2024 개정판에서는 최근 성장하고 있는 공유경제 플랫폼을 위주로 자료를 덧붙였고, 공유경제 시장과 현황, 법적 규제가 어떻게 변화되고 있는지에 대해 중점적으로 다루었으니 독자분들은 참고하시길 바란다.

II. 공유경제란

2. 공유 경제란

 공유경제란, 말 그대로 개인들이 소유하고 있는 재화를 자신의 기호와 필요에 따라서 다른 사람들과 상품을 공유함으로써 생겨나는 경제 활동을 지칭한다. 이는 2008년 미국 하버드대 법대 로렌스 레식((Lawrence Lessig)이라는 교수가 위키피디아와 같은 오픈소스나 P2P사이트에서 협업을 통해 서로의 것을 공유하는 인터넷 현상을 공유 경제라고 지칭하기 시작하면서부터 유래했다. 이러한 협력 소비의 경제방식은 대량생산과 대량소비가 특징인 20세기 자본주의 경제와는 대비적으로 발생하였으며, 최근에는 경기침체와 환경오염에 대한 대안을 모색하는 사회 운동으로 확대돼 사용되고 있다.[1]

구분	연구자(연도)	용어 및 정의
	Lessig(2008)	공유경제(Sharing Economies) 비가격적인 것에 기반을 둔 사회관계가 주요 역할을 하는 경제
	Botsman(2010)	협력적 소비(Collaborative Consumption) 집단처럼 하나로 합치고 공유하는 활동이 협업과 커뮤니티라는 방식으로 살아나는 협력적 소비
	owyang(2013)	협력 경제(Collaborative Consumption) 기업이나 사람들 간의 소유와 활용이 공유되는 경제적 모델로서 새로운 생산과 서비스 및 비즈니스 성장을 가져오는 경제
	김형균 외(2013)	공유경제(Sharing Economy) 물건이나 공간, 지식을 굳이 소유하기 보다는 소셜 네트워크를 통해 대여하거나 교환하여 상호편익과 적정 이윤을 얻는 비즈니스 모델이자 생활방식

표 1 연구자별 공유경제에 대한 다양한 정의
[2]

 예를 들어 현재 경제 시스템에서는 소비자가 어떤 재화를 소유한 경우, 끝까지 책임을 져야 한다. 자동차를 구매했다면 자동차세를 내어야 하고 보험에 의무적으로 가입해야 한다. 고장이 나면 수리도 직접 해야 한다. 집이나 스마트폰을 사도 마찬가지이다. 일정한 세금을 내야 하고 유지보수 역시 직접 한다. 반면 누군가에게 재화를 빌린다면 직접적인 책임은 피할 수 있다. 임대료만 내면 관리에 대한 압박에서 벗어날 수 있다. 임대사업자들 역시 더 큰 이익을 남길 수 있다. 집을 팔면 한 번에 목돈이 들어오겠지만, 임대를 하면 꾸준히 비용이 들어오게 된다. 이는 단기적으로는 큰 이익을 놓치는 것처럼 보일 수 있지만, 장기적으로 보면 꾸준한 이득을 통해 더 큰 이익을 형성할 수 있다는 장점이 있다.

---

1) [네이버 지식백과] 공유경제 (시사상식사전, 박문각)
2) 출처: 산업통산자원부

하지만 이는 더 일찍이 2001년 제러미 리프킨(Jeremy Rifkin)은 『소유의 종말(The Age of Access)』에서 점점 '소유'의 시대가 가고 '접근'이 경제활동의 중심이 될 것이라고 전망했다. 많은 기업이나 소비자에게 '소유권(ownership)' 개념이 제한적인 것으로, 심지어는 구시대적인 것으로 여겨질 것이며, 대신 '접근권(accessibility)'에 대한 갈망이 늘어날 것이라고 예측했다(Rifkin, 2001). 또한 2014년 『한계비용 제로 사회(The Zero Marginal Cost Society)』를 통해 공유경제 개념들을 다시 한 번 정리한다. 여기서 한계비용은 재화를 생산하는데 있어 발생하는 추가적인 비용을 의미한다. 일반적으로 기업이 한계비용보다 가격이 낮은데도 생산을 계속 하는 경우는 거의 없다.

하지만 제러미 리프킨은 현재 자본주의 시스템은 한계에 봉착했으며 그 원인에 대해 "재화나 서비스 생산에 들어가는 한계비용이 제로 수준이 되었기 때문"이라고 분석했다. 그의 말대로라면 더 이상 재화를 생산할 필요성이 없어진 세상이 오고 있는 셈이다. 이러한 개념은 현재도 소비자들이 갖고 있는 소비재들을 공유함으로써 다른 사람들의 서로 다른 이해를 충족시켜 줄 수 있다는 가능성에 근거한다. 또한 4차 산업 발전 중 하나인 IOT(Internet of things)의 기술 발전을 기반으로 하여 계속해서 발전해 나가고 있다.

구분	용어	의미
	협력적 소비 (Collaborative Consumption)	임대, 대여, 물물교환 등 공유경제 하에서 사람들이 보이는 소비 행동을 강조함
	공유경제 (Sharing Economy)	인적, 물적 자산을 생산, 분배, 교환, 소비하는 등 다른 사람들 혹은 조직들이 함께 공유하는 행위를 강조.
	피어 경제 (Peer Economy)	공유경제에서의 거래가 주로 소매점이나 은행 등의 경로를 거치지 않고 중개 플랫폼을 이용한 개인 간 (Peer to Peer) 거래로 이루어지는 점을 강조함
	메시 비즈니스 (Mesh Business)	재화나 서비스에 대한 사람들의 접근(이용)이 디지털 기술, 즉 네트워크를 통해 이루어지는 점을 강조함
	임시적 경제 (Gig Economy)	기존의 경제에서 거래되지 않던 노동력이 거래되는 측면을 강조함
	접근 경제 (Access Economy)	자산에 대한 '접근'이 중심이 되는 공유경제의 특징을 강조함

표 2 공유경제를 의미하는 다양한 용어
3)

즉, 공유 경제란 ICT(information & communications technology, 정보통신기술)를 바탕으로 개인의 재화를 다른 사람과 공유함으로써 새로운 가치를 창출하는 사업이나 현상을 지칭하며, 생산 · 소비 · 교육 · 금융 등에서 공유와 협업 모델을 모두 포괄하는 것으로 본다.4)

---

3) 출처: 산업통상자원부
4) 성낙환(2014.). 공유경제, 소비자들의 롱테일 수요 깨운다. ≪LG비즈니스인사이트≫.

가. 공유 경제 변화

 이러한 공유경제 특징 좀 더 자세히 알아보기 이전에 과거 공유경제와 현재의 공유경제를 구분 지어 알아둘 필요가 있다. 과거 공유경제는 공고한 계급제도 안에서 각자의 공동체를 기반으로 한 착취를 바탕으로 발전했다.

 이러한 시기는 1차적 공유경제라고 볼 수 있을 것이다. 1차 공유경제는 경제활동, 즉 이윤을 창출하고 재화를 확보하는데 초점을 맞추기 보다는 갖고 있는 재화를 보다 효율적인 소비로 추구하려 했다는 점이 특징이다.

 예를 들어 과거 우리나라의 두레와 품앗이가 대표적인 공유경제의 해당한다고 볼 수 있다. 힘든 일을 서로 도우며 인력을 효율적으로 사용하기 위한 두레와 품앗이와 같은 경제적 활동은 그 자체로도 이윤 창출이라는 경제활동의 목적을 달성하긴 하지만 '노동력의 공동 소비'라는 개념을 갖고 재화를 활용했다는데 특징이 있다.

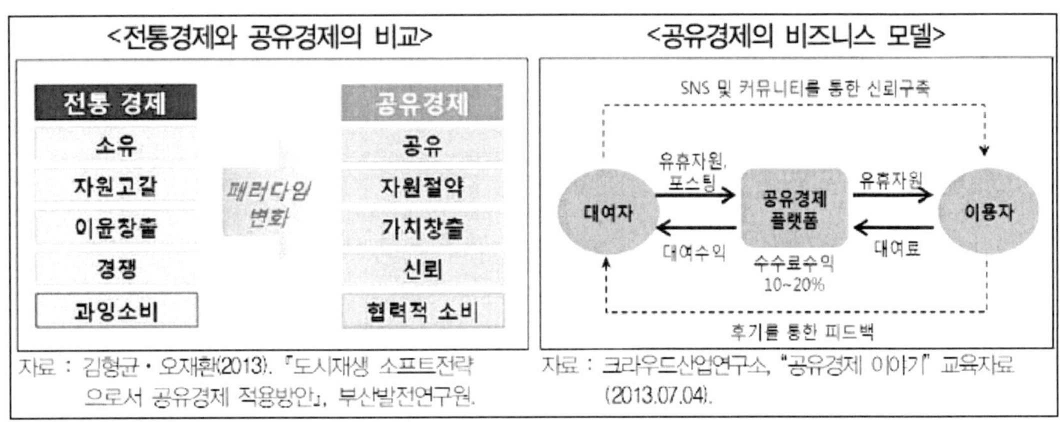

그림 1 공유경제 개념 모델
5)

 하지만 이러한 노동력을 이용한 공동소비는 19세기 말 산업혁명으로 인해 계급시대가 종말하면서 또 다른 국면으로 접어든다. 산업의 발달은 계층 간 이동을 활발하게 하였고, 이 과정에서 부과 권력을 바탕으로 사회적 지위가 형성되었다. 이는 개인이 노력에 따라 사회적 지위가 변하는 사회 구조를 만들었고 이는 소유의 개념과 욕망을 불러일으키는데 충분하였다. 이는 자본주의 발전을 하게 하는 원동력으로 작용하게 되었다.

 이러한 자본주의의 발전은 2000년에 들어서면서 글로벌 금융위기를 기점으로 문제들이 나타난다. 재화에 대한 소유의 욕망이 개인마다 강해지고 이러한 재화의 소유 정도가 자본을 바탕으로 한 지배구조를 형성하게 된다. 이러한 지배구조는 빈익빈 부익부의 형태로 이어져 인류의 비약적 발전을 가져왔던 대량생산 체세에 대한 회의감에 빠지게 했다. 그래서 소유에 대한

---

5) 출처: 크라우드산업연구소, "공유경제 이야기" 교육자료,

욕망에 집착하는 경제 구조에서 벗어나 자본주의가 갖는 근본적인 문제를 해결하려는 움직임으로, 과거와는 다른 형태의 2차 공유경제가 시작되었다.

2차 공유경제의 특징은 1차 공유경제와는 달리 소비의 방식이 아닌, 이윤 창출을 목표로 한다는 점이다. 이 과정에서 플랫폼 사업자가 존재하며, 이들은 ICT기술 발전과 함께 O2O(online to offline)의 형태로 수요자와 공급자를 경제활동에 끌어들이게 된다. 이는 공동의 소비가 공동의 경제로 넘어가는 기준으로 이어진다.

따라서 2차 공유경제는 플랫폼 사업자가 존재하며, 소비의 공유가 아닌 이윤 창출의 경제에 방점이 찍힌 개념으로 설명된다. 이러한 2차적 공유경제의 흐름은 공유 개념보다는 경제, 즉 이윤창출에 목적을 두고 소비자와 제공자들을 연결하면서 여러 가지 논쟁거리들을 만들어 내었다. 대표적인 공유경제 기업 우버의 경우, 뉴욕 기사들이 노동조합 결성을 두고 논란이 되었으며 서비스 자체가 모든 노동자들의 비정규직화를 유도한다는 지적이 많았다.

이는 자본주의 병폐의 대안으로 나온 공유경제와는 약간의 거리감이 있는 것으로 여겨진다. 이러한 상황에서 1차 공유경제에서 시작된 소비의 개념이 플랫폼으로 스며듦으로써 경제의 개념으로 적절하게 이해되는 한편, 이를 기점으로 발생하는 2차 공유경제의 자본주의적 문제점들에 대해서 생각해 볼 만한 가치가 있다고 여겨진다.

그림 2 전통경제와 공유경제 비교

6)

---

6) 출처 : PWC.NH투자증권

나. 공유경제의 특징

이번 장에서는 공유경제의 특징을 몇 가지 살펴보고자 한다. 전통경제(소유경제)에서 소비자의 재화에 대한 소유 및 공급자의 이윤창출이 목표이며 과잉소비가 이루어지는 반면, 공유경제는 신뢰를 바탕으로 인간관계를 확장하는 등의 가치창출이 가능한 협력적 소비가 가능하다는 점이 특징이며, 공급자의 입장에서는 보유한 재화를 공유해 재화의 가치를 확산시키며 수요자는 공유된 재화를 활용해 부가가치를 창출할 수 있는 기회를 얻는, 흔히 말하는 윈-윈의 경제적 구조를 이루어 나아갈 수 있는 사회적 비즈니스 모델이다.

그러나 동시에 공급자 입장에서는 공유한 재화를 보호받을 수 있는 제도적 장치가 필요하며 수요자는 안전을 보장받을 수 있는 보험과 같은 시스템이 필요하다. 또한 개인 간 거래(P2P)가 기본이 됨으로 신뢰, 평판, SNS 등의 매체가 중요한 역할을 하게 된다. 다만 기존의 소유경제에 기반하고 있는 기존 법, 제도와의 충돌(예: 모바일 차량공유서비스 '우버'에 여객자동차운수사업법 위반 소지로 국토교통부가 제동)이 해결해야할 과제로 대두되고 있다.

공유경제는 기존의 경제와는 다른 여러 특성을 갖고 있다. 우선 공유경제의 원칙이자 필수요소 네 가지를 알아보자.

첫째, 공유경제는 적정 규모(Critical Mass)를 형성해야 한다는 것이다. 앞에서 살펴본 것과 같이 공유경제는 이용자들이 만족할 수 있을 만한 서비스를 제공해야 하며 또한 일정 수준의 규모가 갖추어져 있어야 공유경제 플랫폼의 지속적인 거래를 가능케 한다. 그 이유는 참여하는 이용자들의 수가 일정 수준이 되어야 더 나은 서비스를 상대방에 서로 제공하고 받을 수 있기 때문이다.

둘째, 공유경제는 이용자가 갖고 있는 여분의 자산과 재능을 활용하여 형성된다. 공유경제에 이용 되는 재화가 유휴 상태에 있을 경우 공유가 가능케 된다. 개인들이 소유하고 있는 물건들은 24시간 이용할 수 없는 부분이 있기 때문에 이를 통한 공유가 발생한다.

셋째는 공유자원에 대한 믿음으로부터 만들어진다는 것이다. 개인의 재화를 공동체의 가치로 제공함으로써 자신의 재화가 공동체 발전에 기여할 수 있는 사회적 가치로 바뀔 수 있다는 믿음을 갖고 적극적인 공유경제를 활용함으로써 개인 간의 상호발전을 이륙할 수 있게 된다.

넷째는 공유경제를 통한 재화를 사용하기 위해서는 타인 간의 신뢰를 바탕으로 해야 한다는 것이다. 공유경제는 기업 기반의 플랫폼을 바탕으로 이뤄지는 것이기는 하지만 근본적인 재화의 공유는 개인의 소유물을 통해 발생한다. 이러한 소유물을 제공하는 것과 제공받는 것 또한 상대방에 대한 신뢰를 바탕으로 이루어지고 이러한 신뢰가 지켜졌을 때 지속가능한 경제모델로써 역할을 할 수 있다.

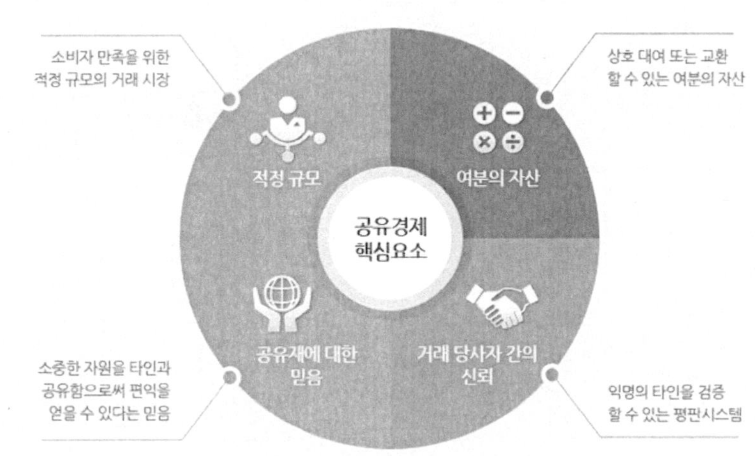

그림 3 공유경제의 특성
7)

이렇듯 공유경제는 위에서 언급한 네 가지를 바탕으로 발전할 수 있는 경제적 개념을 형성한다. 그렇다면 이러한 경제모델이 인터넷 기술과 관련하여 어떠한 특징을 가지고 있는지 살펴보자.

첫째, 공유경제는 인터넷 기술에 의해 형성되는데, 인터넷은 개인과 개인을 연결하게 하는 최고의 매체로써, 직접적인 소통을 가능하게 하고 단순한 인터넷 상거래의 개념을 넘어서, 공유경제가 발전하는데 필요한 상호교류의 장을 만들어 가는데 큰 역할을 한다.

둘째, 인터넷의 특징 중 하나인 광범위하게 분포된 사람과 자산을 특정한 조직과 관계없이 하나의 기호나 목적을 가진 사람들로 연결시킨다는 점이 공유경제의 발전에 주된 기여를 할 수 있다. 이는 전 세계에 흩어져 있는 이용자들을 하나의 플랫폼 상에 모으는 기능을 가능케 한다.

셋째, 유·무형의 자산 활용을 가능케 한다는 것이다. 유형 물건 거래 및 공유뿐만 아니라 무형의 재화를 대여, 판매, 교환하며, 사용하지 않는 지식, 능력, 노동력과 같은 무형의 재화도 공유의 대상이 된다.

넷째, 공유경제에서는 인터넷 문화와 같이 개방성과 포괄성을 포함하여 공유자원을 적극적으로 수용한다. 인터넷 문화와 같이 불특정 다수의 참여로 이루어지는 지식공유와 같은 여러 가지 인터넷 서비스들 또한 개방성을 전제로 하여 운영되고 있으며, 이는 또 다른 형태로의 공유자원을 수용하고 공유한다고 볼 수 있다.

---

7) 출처: 공유경제정보센터

다. 공유경제 장·단점

 공유경제라는 개념이 생겨나면서, 현대의 경제 활동에 큰 영향을 끼치고 있다. 이번 장에서는 그러한 활동 중에서, 공유경제로 인해 발생하는 긍정적인 측면을 경제적인 측면과 사회적인 측면으로 나누어 알아보고자 하고, 그와 반대로 지니고 있는 부정적인 특성에 대해서도 살펴보고자 한다.

1) 장점

가) 경제적인 측면

 과거 재화의 경우 일반적으로 소유의 개념을 바탕으로 하고 있기 때문에 유형 물품의 거래가 빈번하였고, 그러한 물품을 이용하고 난 뒤 이용가치가 떨어지면 방치하게 되는 경우가 대부분이었다. 그러나 공유경제에서는 개인 소유한 모든 재화에 대한 공유가 발생하기 때문에 과거엔 거래되어질 수 없었던 재화의 공유가 가능하게 되었다.

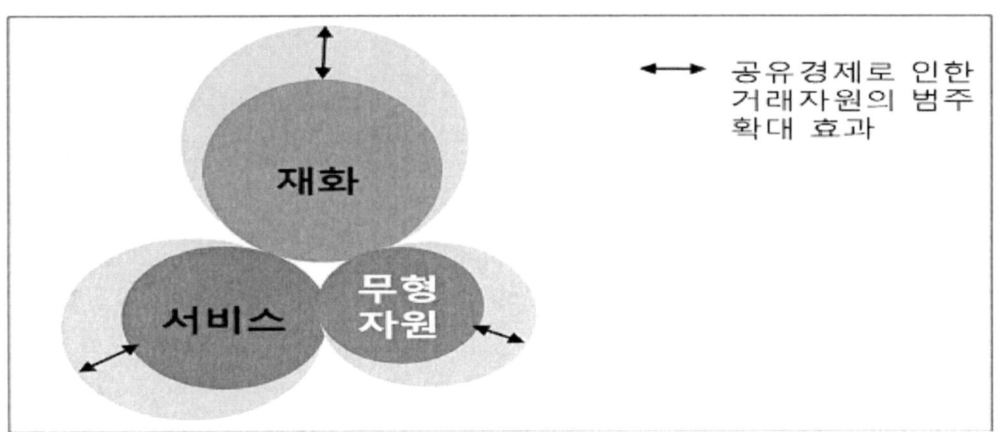

그림 4 공유경제를 통한 거래자원의 범주 확대 효과
8)

 대표적으로 시간, 지식, 경험, 재능과 같은 대표적인 무형의 자산들 또한 거래가 가능해지면서 그에 따라 거래 가능한 자원 범위가 확대되고 되고 있다. 또한 '워키 피디아'와 같은 오픈 소스에만 해당되어 지식과 같은 무형의 자산을 타인과 공유하고 향상시켜나간다는 개념과는 다르게 무형 자산들의 거래로부터 거대한 이익창출에 대한 기대를 할 수 있게 되었고, 무형 자산들과 유형 자산의 결합을 통해 새로운 이익 창출이 가능하게 되었다.

---

8) 출서:그라우드산업연구소·위즈돔(2013), <새로운 대한민국을 꿈꾸는 기업들 통해 살펴본 공유경제>, "서울, 공유경제를 만나다"기념 연구 보고서, 서울특별시.

다음 그림에서 알 수 있듯이, 공유경제를 활용함으로써 수요시장의 확대와 공급시장의 확대라는 경제적 효과를 이끌어 낼 수 있다. 기존의 소유경제 체제하에서 재화나 서비스에 대해서 불만을 갖고 있던 소비자들은 일반적으로 소비를 포기하거나 다른 서비스를 선택하기 마련이다.

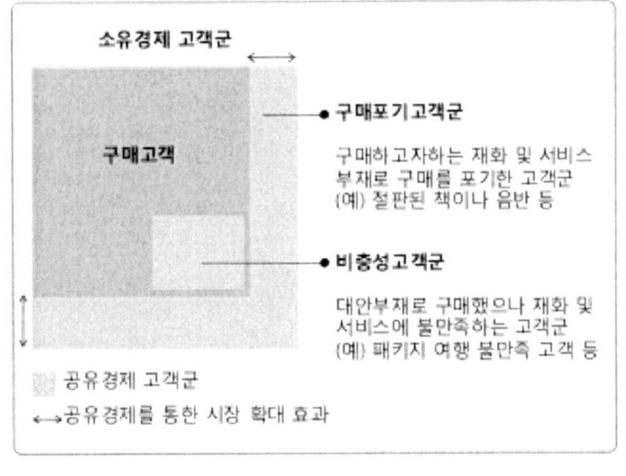

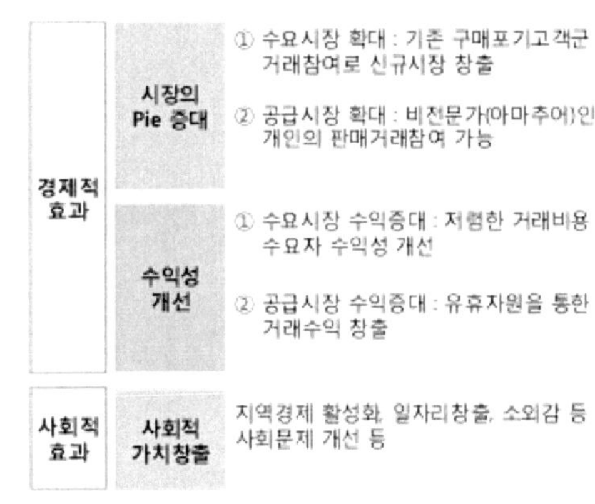

그림 5 공유경제를 통한 수요시장 확대 효과, 사회경제적 효과

이러한 서비스의 불만족은 또 다른 소비활동으로 이어지지 않을 수 있기 때문에 경제에 악영향을 줄 수 있다. 하지만 공유경제 안에서 경제활동은 재화를 직접적으로 소유하는 것이 아니기 때문에 비교적 부담 없이 재화를 사용할 수 있다. 따라서 소비자들은 좀 더 적극적인 경제활동이 가능하다. 이러한 경제 활동의 참여 증가는 수요시장을 확대시키는 효과를 이끌어낸다.

그와 마찬가지로 증가된 수요를 충족시키기 위해서 공급 시장의 확대 또한 불가피 한데, 이러한 공유경제에서는 공급 시장의 공급자가 전문가일 필요가 없기 때문에 기존의 공급시장이 확대되는 경제적 효과를 가져다 준다.

한편, 공유경제의 가장 큰 이점으로는, 자원의 효율적인 소비를 들 수 있다. 이는 자본주의가 갖고 있던 폐단 중 하나를 해결한다. 개인이 이미 갖고 있는 재화 안에서 물품의 거래가 발생하기 때문에 재화에 대한 지속적인 소비가 줄어들어, 자원 낭비를 줄일 수 있으며, 비전문가끼리의 거래와 새 제품에 해당 되는 거래가 아니기 때문에 물품을 필요로 하는 소비자들은 비교적 저렴한 가격으로 상품을 거래할 수 있게 된다. 또한 유휴자원을 이용자에게 대여해줌으로써 대여자, 즉 공급의 입장에서는 유휴자원의 경제성이 제고되어 또 다른 수익 창출을 만들어내는 구조가 형성된다.

　나) 사회적인 측면

　공유경제를 활용한 다양한 사업들은 지역 경제를 활성화시키는데 긍정적인 영향을 끼친다. 특정 지역의 지자체가 주도하여 플랫폼을 형성하고 지자체가 갖고 있는 인적 인프라를 활용하여 이용자들을 연결해 줌으로써 지역 내에서 필요한 경제활동에 대해 이해가 높은 주민들을 대상으로 하여 경제 활동을 진행해나갈 수 있다.

　그 뿐만 아니라 각 지역의 특성을 활용하여 그에 관련된 관심이 있는 소비자들을 이끌어 경제 활동에 참가 시킬 수 있다는 장점이 있다. 예를 들어, 특정 지역의 주민들이 공동으로 민박서비스를 제공하고 관리함으로써 그 지역의 관광 사업을 발전시킨다던가, 각 지역에 대학들이 사용하지 않는 강단이나 문화공간을 지역 사회를 위해 빌려주고 수익을 창출하는 것이 이에 해당될 것이다. 이처럼 사회가 갖고 있는 재화를 공동으로 사용하고 관리함으로써 개개인이 물품을 소유하고 소비했을 때 발생하는 사회적 가치보다 더 큰 가치를 창출해 낼 수 있다는 긍정적인 측면이 있다.

　한편, 기술 산업의 발달로 제조업 관련 분야의 지속적인 일자리 감소가 예상되는데 공유 경제 관련 기업의 일자리는 증대될 것으로 보인다. 이처럼 공유경제 관련 기업들이 증가하면서 그에 따른 일자리 증가는 사회적 가치를 창출하고 있다. 이러한 새로운 형태의 일자리 창출은 다른 나라에서도 발생하고 있으며, 이는 현 사회의 암울한 일자리 시장에 또 다른 가치를 부여하는 경제적 활동이라고 볼 수 있을 것이다.

　공유경제를 이용하는 이용자들은 주로 자신이 관심 있던 재화에 관해서 물품의 거래가 발생한다. 그렇기 때문에 같은 공유경제 플랫폼을 사용하는 이용자들은 공통의 관심사를 공유할 수 있는 기회를 제공받게 된다. 이용자들은 자신이 관심 있는 분야의 재화들을 서로 공유하고 관련된 정보를 서로에게 알려줌으로써 해당 사업의 발전을 도모할 수 있다.

　이러한 과정 속에서 관련 사업에 대한 창조적인 생각과 불만들은 해당 물품의 향상을 이끌어 낼 수 있으며, 같은 관심사를 갖고 있는 이용자들끼리 수요나 공급을 이끌어내어 공유경제 활동을 증가시킬 수 있다는 장점을 갖고 있다.

2) 단점

가) 경제적인 측면

공유경제의 문제점을 경제적인 측면에서 볼 때, 가정 먼저 들 수 있는 것이 '공유지의 비극'이 될 수 있다는 가능성이다. '공유지의 비극'은 생물학자 가렛 하딘이 1968년 『사이언스』에 발표한 논문에 등장하며, 주인이 따로 없는 공동 방목장에선 농부들이 경쟁적으로 더 많은 소를 끌고 나오는 것이 이득이므로 그 결과 방목장은 곧 황폐화되고 만다는 것을 경고하는 개념이다.[9]

이는 공유경제가 지닐 수 있는 문제점을 내포하는데, 공유경제가 개인의 자산을 공공의 재화로 변화시킴으로써 경제 활동을 하는 것에 기반을 두기 때문에, 공유지의 비극이라는 개념에 따르면, 이러한 공공재를 사용하는 개인들이 자신의 물건이 아니기 때문에 무분별한 사용을 할 수 있다는 것이다. 이러한 형태가 지속적으로 발생하게 되면, 공유경제의 기본적인 특징인 상호 간의 신뢰는 무너지게 되고, 공공의 재화를 이용한 공유경제는 더 이상 지속될 수 없게 된다. 이로 인해 각자 자신의 이익만을 추구하여 부정적인 결과를 초래할 수 있다.

또 다른 경제적인 문제로는 개인이 기존에 갖고 있던 유휴자산을 사람들에게 공유해 경제, 사회적인 가치를 이끌어낸다는 개념을 침해할 수 있다는 것이다. 이는 과거의 공유경제와는 다른 현대의 공유경제 특징 중 하나인 이윤 창출 문제와 연결된다. 공유 경제의 목적을 지나치게 이윤에만 두게 될 경우, 추가적으로 자산을 소유하고 이에 따른 이윤을 창출하려고 한다. 이와 관련된 대표적인 예가 '에어비앤비(숙박공유 업체)'[10]이다.

밑의 그림은 정식적인 사업허가를 받은 숙박업체와 개인이 공유경제를 이용한 숙박업을 하는 수를 나타낸다. 그림에서 알 수 있듯이, 개인이 갖고 있는 숙박업을 위한 객실의 수가 기업이 갖고 있는 객실의 수와 크게 차이나지 않는다.

이는 개인이 이윤창출을 위해 유휴의 자산을 활용하는 것이 아니라, 추가적으로 재화를 구입하여 재산으로 만들고 이로 인해 다른 사람에게 피해를 주는 형태를 보이고 있다. 이는 소유 개념으로부터 빈익빈 부익부라는 문제를 만들어 내는 자본주의의 폐단을 따라 가고 있는 형태이다.

---

9) [네이버 지식백과] 공유지의 비극 [The Tragedy of the Commons] (선샤인 논술사전, 인물과사상사)
10) 에어비앤비는 2008년 8월에 창립된 숙박 공유 플랫폼 스타트업이다. 본사는 캘리포니아주 샌프란시스코에 있으며, 191개 이상의 국가, 3만4천개 이상의 도시에 진출해 있다.

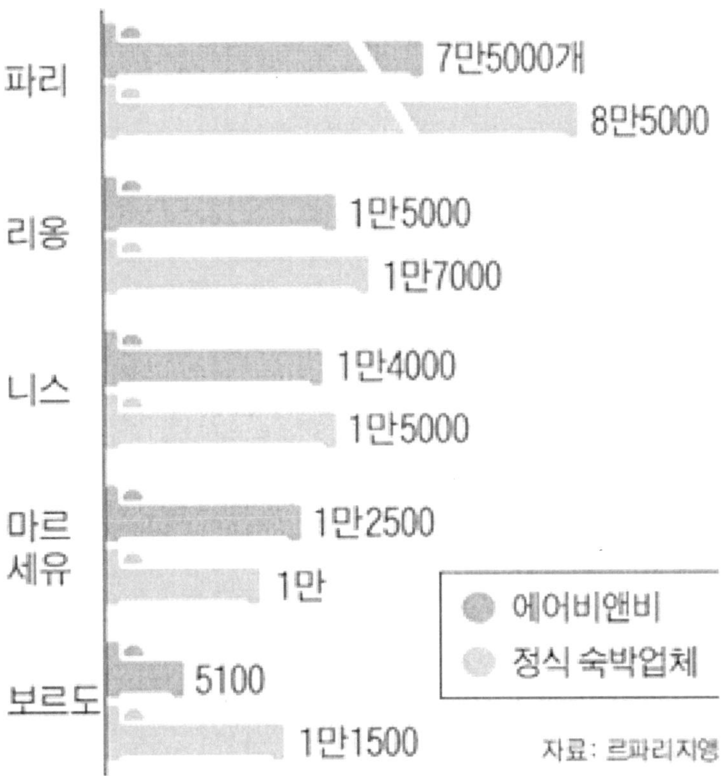

그림 6 프랑스 주요 도시의 에어비앤비와 정식 숙박업체 객실 수
11)

  또한, 이러한 플랫폼을 운영하는 에어비앤비는 개인에게 분산적인 생산을 맡기고 한 기업이
이윤을 독점하는 식의 자본주의적 기업의 모습을 보여준다. 이처럼 개인의 재화에 대한 욕심
으로 인해 공유경제가 갖고 있는 기본적인 뼈대인 자원의 효율적인 소비로부터 사회적인 가치
창출을 막게 될 수 있다.

---

11) 출처: 르파리지엥

나) 사회적인 측면

 사회적인 측면에서도 공유경제의 단점을 찾아볼 수 있다. 우선 공유경제는 자발적인 비전문 가들에 의해서 발생하는 경제활동이 주를 이루는 경우가 많다. 그렇다보니 이를 관리하는 기 업 안에서 정규직으로 활동하기 보다는 비정규직으로 활동하는 노동자들이 대부분이다.

 예를 들어 공유경제의 대표적인 기업인 '우버'12)에서 일하는 노동자는 자산의 차를 이용한 경제활동을 하기 때문에 비정규직이다. 이처럼 많은 공유경제를 활용한 기업들, 노동자들이 비정규직 형태로 일을 해나가고 있다. 이는 경제 전반의 활력을 저해할 우려로 언급되어진다.

 또한 공유경제에서는 더 이상 상품을 개인이 모두가 소유할 필요가 없기 때문에 이미 누군가 소유 중인 상품을 공유하게 된다. 이에 따라 기존 산업에서의 생산 및 판매를 감소시키게 되 고 소비자들에게도 소비를 위축 시키는 결과를 초래할 수 있다.

 이러한 소비의 위축은 산업 전반적으로 규모의 감소를 가져올 수 있다는 위험이 존재한다. 그리고 단기적으로 일을 하는 형태의 이용자들이 증가하게 되는데, 이는 산업의 전문적인 발 전을 저해할 수 있으며, 1,2차 산업의 발전에 부정적인 타격을 줄 수 있다.

 이번 장에서는 공유 경제가 갖는 장·단점에 대해서 알아보았다. 공유 경제의 장점을 경제적 인 측면과 사회적인 측면에서 살펴보았고, 경제적인 측면에선 공유경제를 통한 거래 자원의 범주의 확대와 자원의 효율성 향상시키고, 시장 규모를 증가시킬 수 있다는 것을 알 수 있었 다. 사회적인 측면에서는 지역 경제의 활성화와 일자리 창출이라는 사회적 가치를 만들어 낼 수 있음을 시사했으며, 같은 공통 관심사를 갖는 이용자들에게 서로의 정보와 재화를 공유하 여 좀 더 관련 산업의 발전가능성을 앞당길 수 있다는 긍정적인 면을 보여주었다.

 반면 공유경제가 갖는 한계점들도 알아보았는데 경제적인 측면에서 볼 때, 공유경제는 개인 의 이익만을 추구하여 공유지의 비극이 발생할 가능성이 있다. 사회적인 관점에선 개인의 이 익만을 중시하며 사회적 가치를 경시하는 경향이 발생하면 관련 산업의 계약직 문제나 신뢰도 감소와 같은 문제점들이 나타날 수 있다.

 또한 공유경제 관련 산업들에 법적 규제나 방안의 부족으로 이용자들의 혼란을 증대시킬 수 있으며, 운영자들의 사업 운영 자격을 판단할 수 있는 명확한 지표가 없어서 그로 인해 발생 하는 문제점들에 대해서 신속하고 효과적인 대처를 할 수 없다는 단점들이 있다.

---

12) 버는 승객과 운전기사를 스마트폰 버튼 하나로 연결하는 기술 플랫폼이다. 플랫폼이라는 단어가 상 징하듯 우버는 택시를 소유하지 않는 택시 서비스다. 운전기사 없는 운송 서비스다. 우버는 모바일앱 을 통해 승객과 운진기사를 언결해주는 허브 역할만 수행한다.
[네이버 지식백과] 우버 - 차량도 기사도 없는 택시 서비스 (용어로 보는 IT)

하지만 이러한 공유경제가 지닌 장·단점 속에서도 이를 어떻게 바라보냐에 따라 다른 시각을
보여주기도 한다.

관점	부정적 인식	긍정적 인식
사회 법질서 관점	불법으로 인한 정부 통제권 상실은 위험	새로운 사회질서의 탄생이 중요함
분배적 관점	기득권 계층의 소득보호가 중요함	새로운 계층의 소득증대도 고려하여야 함
소비자 대 공급자 관점	공급자가 피해를 입을 수 있으며 소비자 편익이 반드시 증가하는 것도 아님	전반적으로 소비자 편익이 증가함
혁신/창조경제 관점	공유경제의 모습을 가지지만 공유경제와 무관한 것이 있음	공유경제는 사회에 새로운 패러다임을 제공하고 있음
산업 및 경제적 관점	생산량 및 일자리 감소 등 기존 산업의 규모가 줄어들 수 있음	새로운 산업의 등장과 이와 관련한 일자리 창출이 가능함
자원의 효율적 배분 관점	공유경제가 반드시 자원의 효율적 배분에 기여하는 것은 아님	전반적으로 공유경제는 자원배분의 효율을 증가시킴

표 3 공유경제가 갖는 상반된 인식[13]

13) 출처: 산업통상자원부

Ⅲ. 공유경제의 운영방식

3. 공유경제의 운영방식

이번 장에서는 공유경제에 관련하여 공유경제의 형태와 이를 움직이는 플랫폼의 운영방식과 기술적 방식에 대하여 알아보고, 어떠한 모습으로 다양한 공유경제 플랫폼들이 형성되어 경제 활동을 하고 있는지에 대해서 자세하게 다루고자 한다.

가. 공유 경제 운영요소

공유경제는 한 사람의 개인적인 공급과 수요로 발생하지 않는다. 다수의 집단적인 경제 활동의 참여로 발생되는데 이에 필요한 몇 가지 요소를 크게 4가지로 나누어 보았다.

1) 소통

여기서 말하는 소통 또는 연결이란 물리적으로만 개인과 개인이 소통하는 것을 의미하지 않는다. 더 나아가 정보 통신의 발달로 인해서 컴퓨터와 스마트폰 간, 컴퓨터와 컴퓨터 간 무형의 소통 또한 포함된다. 물론 개인 간의 자발적이고 적극적인 소통 또한 중요하다. 현대의 정보화 환경은 이용자들 간의 연결을 좀 더 수월하게 해주었다. 이러한 환경 속에서 이용자들은 서로에게 많은 정보를 공유하고 배움으로써 기업이나 어떠한 개인이 제공하는 제품 또는 서비스의 생산과 평가에 참여한다. 이러한 관계에 참여하게 된 개인들은 기업들과 긴밀한 관계와 신뢰도를 쌓을 수 있는 기회를 얻게 된다.

이러한 소비자와 공급자의 직접적인 연결뿐만 아니라 정보통신을 이용한 소통 역시 중요하다. 기술 발전으로 전자기기들을 이용한 커뮤니케이션 비용이 줄어들게 되고, 신속하고 정확한 정보전달이 가능하게 되면서 개인들 간의 편리한 상호작용이 좀 더 수월하게 진행된다. 이러한 과정은 한 사업이 발달하는데 있어 과거의 수동적인 네트워크를 보다 수평적, 상호보완적으로 발생시킴으로써 사회와 개인의 경제활동에 더 많은 자율성을 부과하였다.

이처럼 공유경제가 능등적이고 자체적으로 작동하기 위해서는 무엇보다도 이용자들의 활발한 참여가 필요하다. 또 이를 위해서는 위에서 언급한 것과 같이 원활한 소통이 가능하도록 하는 환경과 도구가 필요할 것이다. 이를 통해 발생되는 공동체적 가치는 한 개인이 얻는 경제적 가치나 물리적인 이득보다 장기적인 관점에서 클 것으로 예상된다.

2) 협동 생산

협동 생산은 소비자가 생산의 주체가 되어 가치를 창출하는 협력적 생산을 의미한다.[14] 기존의 자본주의 체제하에서 기업은 생산자 입장에서 이익 창출에만 중점을 두었다면, 현대의 공유경제 체제에서는 소비자가 생산자가 될 수 있기 때문에 협동 생산의 경제활동이 주요한 원동력으로 작용할 것으로 예상된다.

이에 대한 대표적인 예시로는 협동조합을 들 수 있다. 협동 조합은 경제적으로 약소한 처지에 있는 중·소상공업자나, 일반 소비자들이 상호 이익이 되는 경제적 이익을 추구하기 위해 물자 등의 구매·생산·판매·소비 등의 일부 또는 전부를 협동으로 영위하는 조직단체이다.[15]

이러한 형태의 생산은 공유경제의 유동적인 측면과 비교해 볼 때, 공유경제 발전에 유리한 모습으로 작용할 수 있다. 협동 조합은 고용창출력이 높은 것으로 알려져 있고, 경제적 위기 상황에서 서로의 이익을 고려하기 때문에 정리해고와 같은 구조조정이 적게 발생하여 비교적 안정적인 경제 형태를 보인다.

또한 자원의 효율 측면에서도 공유경제와 부합하는데, 적극적인 소비자들이 직접적인 생산활동에 참여할 수 있게 되어, 전체적인 분야에 숙련된 기술을 갖고 있지 않더라도 이용자들끼리 개인의 능력을 모아 빠르게 양질의 저렴한 상품을 서로에게 제공할 수 있는 인프라를 갖출 수 있게 된다. 이러한 형태에 생산 방식은 공유경제를 활용한 산업이 발전하는데 있어서 긍정적인 요인으로 작용할 것으로 보여진다.

3) 협동 소비

공유경제에서의 협동적인 소비는 한 기업이 독점적으로 중개하던 플랫폼 형식이 아닌 소비자들이 중심이 되는 소비 형태를 의미한다. 기존에 일반적이었던 소비는 기업이 제품을 소비자에게 제공하고 공유해 주면서 그로부터 나오는 특정이익을 얻는 형태였다면, 지금은 소비자들 스스로가 독립적인 자체적인 소비를 통해서 소비자 개인에게 이익이 돌아가게 된다. 이러한 소비 형태는 또한 소비의 중점이 사회적 가치를 향상시키고 협력적으로 발생한다는 특징을 보인다.

협동 소비의 개념은 근래에 들어 SNS가 발달되면서 좀 더 익숙해져 왔다. 소셜네트워크의 사용 증가로 개인은 자신의 사진이나 파일, 음악 등과 같은 일상생활을 자유롭게 공유하며, 이를 토대로 한 비즈니스 모델들이 생겨나고 있다. 공유경제하에서 기업이 지니고 있는 플랫폼은 개인의 소비에 따라 그에 대한 공급과 수요가 빈번하게 변화된다. 그렇기 때문에 이러한 형태의 비즈니스 모델은 소비자의 욕구와 니즈를 보다 적극적으로 수용할 수 없게 되고 기업과 이용자들은 이에 맞는 상품들을 출시하게 된다.

---

14) 산업통상자원부, 공유경제_현황_ 및_시사점_연구,
15) [네이버 지식백과] 협동조합 [cooperative, 協同組合] (두산백과)

이처럼 공유를 활용한 회사나 상품들은 소비자의 시시각각 변화하는 소비를 예측하고 제공하기 위해 상품 개발에 몰두하게 되며, 이러한 과정 속에서 여러 가지 집단들의 공동의 참여가 발생한다. 이 공동참여로 발생한 이익은 또 사회적 가치로 환원되는 형태를 갖게 된다. 이는 기존에 갖고 있던 획일화된 상품의 대량생산보다는 비교적으로 자원의 효율성을 극대화 시키는 소비자의 능동적인 소비를 이끌어 낼 수 있다.

4) 협력 경쟁

공유경제의 발전과 운영을 고려할 때, 협력 경쟁을 생각할 수 있다. 코피티션은 cooperation(협동)과 competition(경쟁)의 합성어로 기업 간 극단적인 경쟁에서부터 야기될 수 있는 위험요소들을 최소화하고, 자원의 공용화, 공동 R&D 등의 협력을 통해 서로 윈-윈하자는 비즈니스 성공전략이다.[16] 이는 수학자 존 폰 노이만(John von Neumann)과 경제학자 오스카 모르겐슈테른(Oskar Morgenstern)이 펴낸 <게임이론과 경제행동>, 수학자 존 내시 (John Forbes Nash)가 펴낸 <비협력게임>이라는 책에서 주목받은 게임이론을 바탕으로 생겨난 용어다.[17] 전통적인 관점에서의 경쟁은 한 쪽이 이기면 다른 쪽은 지게 되는 제로섬 게임의 형태로 볼 수 있었다.

그러나 전 세계적인 네트워크를 활용한 기업들에게 순수한 경쟁보다는 협력을 통한 가치 창출이 더 효율적인 것으로 나타난다. 두 개 이상의 기업들이 서로 보완적이고 지속적인 협력관계를 형성함으로써 다른 기업들에 대해 차별적 경쟁우위를 확보하려는 시도는 생산·마케팅·유통 분야 등 기업 활동의 다양한 측면에서 폭넓게 이루어지고 있다.

공유경제에서도 이러한 협력 경쟁은 새로운 사회적 가치를 창출하고 일자리를 창출하는 것처럼 긍정적이게 작용한다. 그러나 이는 협력이라는 둘레 안에서, 또 다른 경쟁 논란이 발생하기도 한다. 예를 들어, 숙박 공유서비스인 에어비앤비와 세계적인 호텔의 해당되는 힐튼 호텔의 경우 에어비앤비의 이용객이 힐튼 호텔의 방문자수를 추월하기 시작하였고, 유럽의 카세어링 업체인 블라블라카(BlaBlaCar)는 유럽의 도시들을 연결하는 기차인 유로스타보다 더 많은 승객들의 이용률을 갖고 있다.

이러한 경쟁 속에서 대기업의 수직적이고 독점적인 이익 구조를 해소한다는 긍정적인 시각이 있는 반면에, 관련 사업을 시작하기 위해 국가에 관련 자격이나 조치를 취하지 않는 채 시행되는 공유경제 사업들이 중소 자영업자들의 일자리를 빼앗아 협력 경제에 피해를 주고 있다는 부정적인 시간도 함께 존재하고 있다.

과거의 전통적인 경제체제 하에서 기업들은 대량생산과 대량소비를 소비자들에게 촉구하면서 독점적인 이익을 누려왔지만, 공유경제에 체제의 발전이 진행되면서 기업들의 운영방식이 상품보다는 소비자들의 니즈에 집중하게 되었고, 지속적인 경쟁 활동을 하기 위해서 다른 기업들과 소비자들과 상생을 하여 더 나은 사회적 가치를 추구하게 되는 시상형태의 운영방식으로

---

16) [네이버 지식백과] 코피티션 [Co-petition, Coopetition] (시사경제용어사전, 대한민국정부)
17) [네이버 지식백과] 코피티션 [coopetition] (두산백과)

변화하게 되었다.

이처럼 공유경제가 제대로 운영되기 위해서 인적 네트워크의 활용과 기술적 네트워크의 연결이 중요시 될 것으로 예상되어진다. 이를 위해 앞에서 언급한 4가지의 요소들은 건전하고 활발한 공유경제를 만드는데 큰 기여를 할 것으로 보인다.

나. 공유경제의 유형

이번 장에서는 공유경제의 비지니스 모델 관련 유형을 알아보고자 한다. 다음의 표는 공유경제 비즈니스 모델 유형 및 개요를 나타낸다.

유형	비즈니스 모델 개요	주요 사례
유휴자산 임대형 (repurposing owned assets as 'rental' services)	개인이 자기 자산의 일부를 타인에게 일정 기간 임대하여 임대료 수입을 얻을 수 있도록 수요자와 공급자를 매개하는 플랫폼 운영	Airbnd RelayRides, Getaround Lyft, Sidecar Eatwith, Feastly 1000tools.com, SnapGood
직업적 서비스 제공형 (professional service provision)	조직에 속하지 않고 개인으로서 직업적인 서비스를 제공하도록 수요자와 공급자를 매개하는 플랫폼 운영	Uber Kitchit
범용 프리렌서 노동력 제공형 (general-purpose freelance labor provision)	기술자,번역가,작가 등 다양한 종류의 프리렌스 노동력이 거래되는 마켓플레이스를 운영	oDesk TaskRabbit, FancyHands
P2P 자산 매매형	판매자와 소비자간 직거래가 이루어질 수 있는 마켓플레이스 운영	eBay Etsy

표 4 공유경제 비즈니스 모델 유형 및 개요
18)

OECD Digital Economy Outlook 2015에 따르면 공유경제의 유형을 크게 공동소비(collective consumption)와 협력생산(collaborative production)으로 구분한다. 공동소비로는 home sharing과 urban mobility 관련 서비스 언급하며, urban mobility 관련 서비스는 rental, ride, 주차공간 대여 등과 일상 용품의 관련한 공유를 나타낸다.

---

18) 출처 :공유경제의 범위와 유형 분류

협력생산은 크라우드 소싱(crowdsourcing)과 크라우드 펀딩(crowdfunding)의 두 방식으로 이루어진다고 본다. 크라우드 소싱은 군중(crowd)과 '아웃소싱 (outsourcing)'을 합성한 말로 인터넷을 통해 아이디어를 창출, 제품 디자인, 문제 해결, 제품 개발, 마케팅과 광고 등 이를 기업 활동에 활용하는 방식을 말한다.[19]

대기업들은 내부 네트워크를 이용해서 크라우드 소싱을 수행하고 작은 기업들은 크라우드 플랫폼 (crodsorcing platform)을 이용해서 기업 외부의 커뮤니티를 형성하는데 사용한다. 흔히 크라우드 소싱 방식은 채택된 아이디어나 디자인 또는 솔루션을 제공한 대상자에게 포상을 하는 방식과 경진대회 방식으로 수행되며 다양한 좋은 결과를 가져오기도 하지만 이러한 형태는 협력보다는 경쟁의 형태를 더 많이 띄고 있다.

크라우드 펀딩의 경우 주식 투자의 발전이 미미한 것을 제외하면 미국과 유럽에서 꾸준히 성장해 왔으며 기부 또는 보상 형태의 크라우드 펀딩은 신규 창업자들에게도 자금을 도모할 기회를 제공하면서 후원자들에게 보상의 부담을 덜어준다. 이는 새로운 기술이나 상품의 출시가 좀 더 수월해지게 돕는다는 이점을 갖는다.

이러한 공유경제의 비즈니스의 모델을 거래 형식에 따라 다시 4가지 형태로 나눠볼 수 있다. 이를 Business to Consumer(B2C), Business to Business(B2B), Peer to Peer(P2P), Consumer to Business(C2B)의 유형에 따라 알아보자.

    1) B2C(Business to Consumer)

B2C 유형은 기업과 고객 간에 이루어지는 비즈니스의 형태로 기업이 자산의 재화나 자산을 고객들에게 공유, 대여해주는 형태로서 공유경제가 발생한다는 것을 알 수 있다. 대표적인 예시로서 미국의 카쉐어링 업체인 짚카(ZIPCAR)는 자사가 보유한 차량을 시간 단위로 이용자들에게 빌려줌으로써 기존에 렌트카 시장에서 하루 단위로 차를 빌려주는 것과 차별성을 보여준다.

여기서, P2P(Peer to Peer)의 형태와의 가장 큰 차이점은 소비자가 수익을 낼 수 있느냐인데, 우선 B2C 모델은 사업초기 공유하고자 하는 제품을 마련하는데 큰 비용이 들고, 수익을 주로 대여료를 통해 얻는다. 소유하지 않고 사용한다는 점에서는 공유경제 모델이 맞긴 하지만, 렌탈 서비스와의 커다란 차이점이 있지는 않다.

---

19) [네이버 지식백과] 크라우드소싱 [Crowdsourcing] (한경 경제용어사전, 한국경제신문/한경닷컴)

그림 13 카세어링 업체의 운영방식

[20)

2) B2B(Business to Business)

B2B 유형의 공유경제는 공유를 제공하는 공유자와 이용자가 모두 기업에 해당되며, 기업들 끼리 자신이 갖고 있는 유휴자산을 거래 자원으로 사용하는 방식을 말한다. 최근 이러한 공유 경제는 차량, 트럭, 산업용 중장비, 빌딩 등으로 다양해지고 있다. 이 중에서 대표적인 스타트 업 기업으로 '카코매틱(Cargomatic)'이라는 기업은 화물 운송에 대한 니즈가 있는 화주와 인 증된 트럭 운전사 양 측을 실시간으로 연결해준다.

이는 화주와, 트럭 운전사를 하나의 기업으로 보고 트럭 운전사가 운전할 여력이 있는 상황 또는 공간 정보를 공유경제 플랫폼을 이용하여 화주에게 전달한다. 그러면 운반할 화물을 보 유하고 있는 화주는 트럭 운전사에게 다음 차례의 픽업을 위해 수백 마일을 트럭이 빈 상태로 이동하는 것이 아니기 때문에, 추가적으로 수익을 만들 기회를 얻게 된다. 화주 입장에서도 상대적으로 정규운임을 이용할 때보다 저렴한 비용으로 이용가능하다.

---

20) 출처: 배터리 클럽 홈페이지

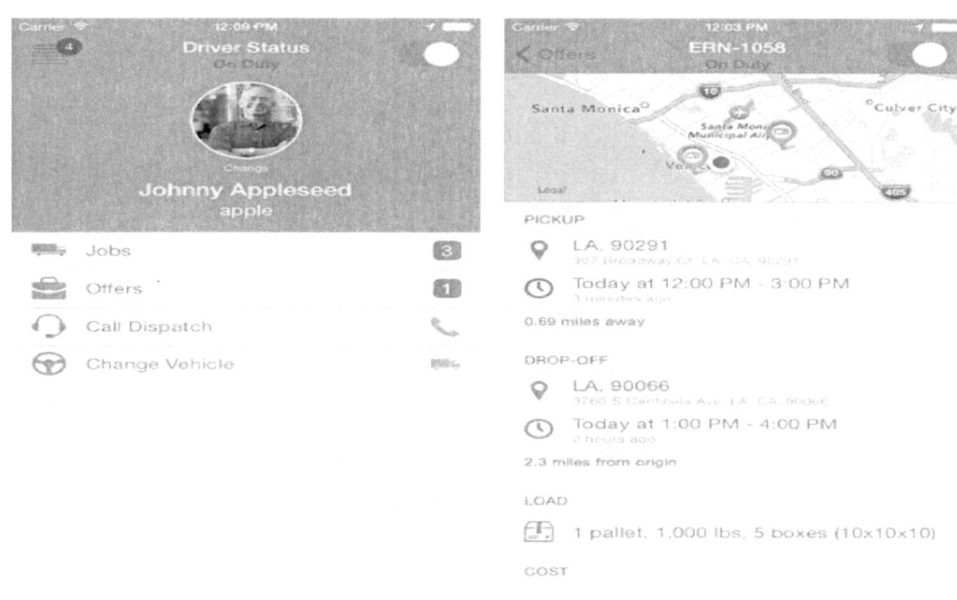

Cargomatic - 트럭 운전사 앱 이미지 (Source: Apple App Store)

그림 14 'Cargomatic' 앱 이용사진
21)

3) P2P (Peer to Peer)

P2P 유형은 공유경제에서 가장 많이 보이는 비즈니스 모델이다. 이는 공유하는 제공자와 이용자가 모두 개인으로, 공유 과정에서 거래 중개 플랫폼을 활용한다. 이를 이용한 기업들은 이용자들을 연결시켜주는 플랫폼을 제공하여 서비스에 대가로 중개수수료를 얻어 수익을 창출한다. 이는 공유경제활동에 참여하는 모두가 일정부분의 수익을 얻어가는 형태의 공유경제이다.

대표적인 중개 플랫폼으로는 미국의 숙박공유 기업인 에어비엔비(Airbnb)가 있다. 빈 방을 보유한 집주인(대여자)과 여행객(이용자)을 이어주는 연결의 매체로, 이 과정에서 수수료를 얻어간다. 또한 한국의 물품 공유서비스 기업인 쏘시오(Ssocio)도 이러한 P2P형태를 띈다. 물품을 빌려주는 사람이 쉐어링 사이트에 본인의 물건의 1일 렌트 비용을 등록한 후 이를 이용하고자 하는 사람들에게 빌려주는 시스템인데, 수요자가 필요로 하는 제품을 찾아서 단기간에 사용이 가능함으로 불필요한 소비를 줄여줄 뿐만 아니라 일정기간 시용한 후에 마음이 들지 않으면 새 제품을 구매해도 되기 때문에 일상생활에서 발생할 수 있는 충동적인 낭비를 예방할 수 있어 큰 인기를 끌고 있다.

---

21) 출처: GOOGLE

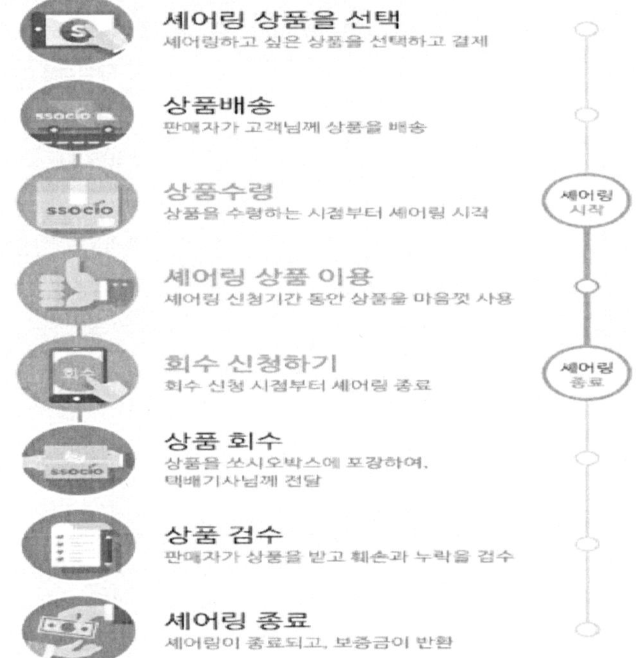

그림 15 쉐어링 업체 SSOCIO 이용 과정
[22]

그러나 이러한 모델 확산에는 아직까지 몇몇의 한계점이 있다. 첫째로, 신용과 훼손의 문제다. 일반적인 중고거래와는 달리 이용자는 사용 후에 물품을 반환하기로 되어있다. 이러한 과정에서 물품에 대한 위험은 제공자가 부담하게 되고 여러 번에 물품 이동이 발생하게 되면, 그만큼의 거래비용과 위험이 발생한다. 그렇기 때문에 현재 활성화 되어있는 P2P형태를 살펴보면 무형자산, 주차장, 사무실과 같은 특수 유형 자산들의 공유가 발생하고 있는 상태이다. B2C 모델에서는 기업이 이를 관리하여 중재하지만 P2P 모델에서는 불가능함으로 물품의 훼손문제와 이용자의 신용문제가 항상 대두된다.

둘째는 임대인과 임차인이 희망하는 가격 차이에서 발생한다. 아무래도 개인 간에 발생하는 거래이기 때문에 중고 상품에 대한 명확한 가격이 제시되어 있지 않다. 물품을 제공하는 임대인과 물품을 이용하고 싶은 임차인 사이의 가격의 격차가 발생할 수 있고, 이러한 가격 격차의 간극은 중개인이 없다면 많은 시간과 비용일 발생할 것이다.

---

22) 출처: 쏘시오 홈페이지

4) C2B(Consumer to Business)

 C2B의 경우에는 개인의 지식이나 능력 등을 기업이 활용하는 방식으로, 위에서 언급한 것과 같이 크라우드 소싱이나 펀딩을 통해서 개인의 아이디어나 자금, 또는 새로운 가치 창출 능력을 기업에게 제공하여 기업이 비교적 저렴한 가격으로 아이디어를 도입하는 형태의 비즈니스 모델을 말한다. 이는 전 세계의 있는 프리랜서 관련 직종들과 이를 필요로 하는 기업들을 직접적인 만남 없이 필요한 인력과 자본을 공급해주는 특징을 갖고 있다.

 이는 수집된 고객의 데이터를 바탕으로 신속하게 제작하여 판매하는 형태의 모델을 갖고 있으며 기업이 획일화된 제품을 소비자에게 일방적으로 판매했던 과거와는 달리, 소비자들의 취향을 신속하고 직접적으로 파악하여 상품 출시에 반영한다는 이점을 갖는다.

 대표적인 스타트업 기업인 솔스(SOLS)는 3차원(3D) 프린팅 기술을 이용하여 서로 다른 신체 조건이나 생활 방식 등을 고려하여 신발의 밑창과 깔창을 개인 맞춤형으로 제작해주는 일을 하고 있다.

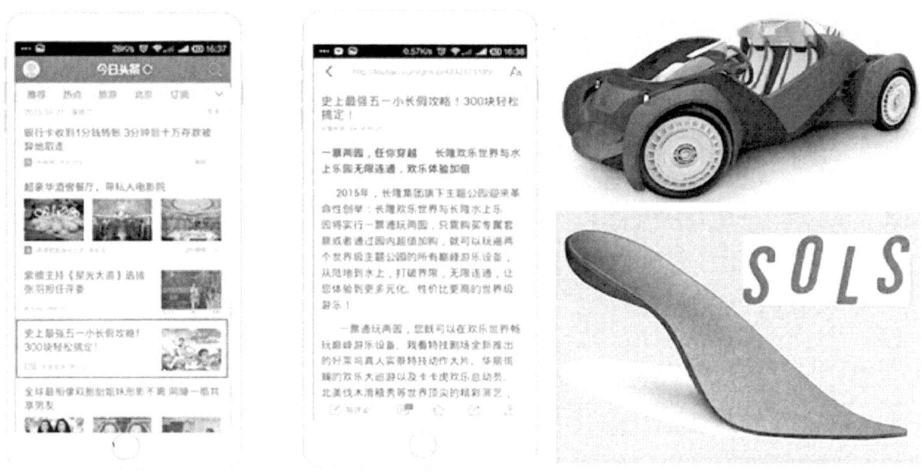

왼쪽부터 시계방향으로 '진르토우티아오 뉴스서비스', '로컬모터스 3D 프린팅 자동차', '솔스 3D 깔창'

그림 16 C2B를 이용한 기업들
23)

____

23) 출처: "C2B의 흐름을 읽어라", 이은호

유형	설명	사례
Business to consumer (B2C)	대여자는 기업으로, 기업이자사의자산을 고객에게 대여하는 방식	미국의 카쉐어링 업체 ZIPCAR
Business to Business (B2B)	대여자와 이용자가 모두 기업으로, 기업 간 거래 수단으로 공유경제 활용	미국의 화주와 트럭 운전사 연결 플랫폼 업체인 카코매틱(Cargomatic)
Peer to Peer (P2P)	공유경제의 가장 대표적인 유형으로 대여자와 이용자가 모두 개인으로 개인 간 중개 플랫폼을 활용하여 이익창출	미국의 숙박공유 기업인 Airbnb와 국내 물품 대여 기업이 쏘시오(Ssocio)
Consumer to Business (C2B)	일반 개인이 자신의 지식 능력 등을 제공하고, 이를 이용한 기업은 일정의 대가, 보상을 제공하는 방식	미국의 3D 깔창을 만드는 솔스(Sols)

표 5 공유경제 비즈니스 모델 유형

24)

다. 공유경제의 비즈니스 운영 방식

공유기업은 비즈니스의 운영 방식에 따라 크게 이윤형 기업과 후원형 기업으로 구분할 수 있다.

1) 이윤형 기업

이윤형 기업들은 유휴자원의 소유자로부터 직접 자원을 매입하거나 위탁보관한다. 이러한 이윤형 기업은 이용자들에게 자원을 대여해주는 방식인 자원 보유형과, 자원을 보관하지 않고 이용자들을 연결만 해주는 거래 중개형으로 구분되어질 수 있다.

- 자원 보유형

이는 유휴자원을 기업이 직접 관리하고, 매입, 위탁하며, 공유 시에는 배송 및 수령을 직접 담당하고 그에 따른 책임을 갖는다. 이용자들은 공유기업에 대한 신뢰를 바탕으로 자원을 대여하게 되는 것이다.

---

24) 출처 : NESTA(2014), <Making Sense of The UK Collaborative Economy>의 내용을 정리 및 추가

- 거래 중개형

거래 중개형은 우리에게 가장 흔한 형태의 공유 경제 비즈니스 유형이다. 거래 중개형은 자원 보유형과 달리, 거래 자원을 직접 보관, 관리하는 방식이 아닌 자원을 보유한 이용자와 해당 자원을 이용하고 싶은 수요자를 중개하는 방식을 말한다. 따라서 공유기업은 자원에 대한 관리 및 유지, 보수에 대한 책임을 갖지 않고, 이용자들은 이용자들에 대한 직접적인 신뢰에 좀 더 무게를 둔다.

2) 후원형 기업

후원형 기업은 자원 보유자로부터 거래 자원을 기부, 후원하는 방식의 형태로 제공받아 이를 이용자에게 대여해준다. 이는 이윤형 기업과 달리 자원 보유자에게 큰 이윤이 돌아가지 않는다는 점에서 차이가 있다. 국내의 대표적인 후원형 기업으로는 취업 준비로 정장이 필요한 사회초년생들에게 저렴한 가격으로 의류를 빌려주는 공유기업인 열린 옷장이 있다.

라. 공유경제의 기술 운영 방식

이번 장에서는 공유경제가 운영되는 기술적인 부분에 초점을 맞추어서 공유경제의 운영방식에 대해서 알아보고자 한다. 공유경제는 앞에서도 언급했듯이 과거부터 지속되어 온 경제 개념이다. 과거 사람들은 자신의 마을 단위로 자신의 노동력을 빌려주는 식으로 자산을 공유했다. 하지만 이러한 개인의 자신을 공유하는 방식이 산업의 발달과 함께 기술적인 변화를 보이고 있다.

현대 공유경제의 특징은 IT를 기반으로 한다는 점이다. 공유경제는 특정 상품과 서비스를 원하는 시간에 원하는 만큼 이용할 수 있게 한다는 특징을 갖고 있다. 현대 사회에서는 어떠한 서비스를 짧은 시간에 바로 쓸 수 있는지, 사용할 수 있는 위치와 접근성이 얼마나 가까운지가 중요하기 때문이다. 즉 실시간으로 이용 현황, 위치정보 조회, 즉시 신청 및 승인확인이 요구되어져야 하기 때문에, 현대의 공유경제는 정보통신 기술에 기반으로 두고 있다.

둘째는 소유하기 힘들고 부담스럽거나, 소유할 경우 가치가 확대될 수 있는 것들이 공유경제의 콘텐츠가 된다. 대표적인 예가 자동차나 집이다. 집, 차량, 일손 등 생산품이나 서비스를 내가 원하는 부분만 작은 단위로 지불하고 이용할 수 있다는 차이점을 보인다. 이와 관련하여 좀 더 기술적인 운영방식을 알아보자
25)

---

25) 출처: 크라우드 컴퍼니(crowdcomapny)

위 그림은 제레미아 왕(Jeremiah Owyang)이라는 Crowd Company의 창립자가 2014년 5월 자신이 운영하는 Blog를 통해 보여준 것인데, 이는 벌집 모양으로 구성된 공유경제의 프레임 워크를 나타내고 있다. 공유 경제의 대표적인 기술적 모델은 한 기업이 중개 플랫폼을 사용한 다는 것이다. 이러한 플랫폼은 이용자로부터 필요한 것을 획득하게 하는 과정에서 이용자들이 스스로 자체펀딩활동, 디자인 활동, 생산 활동, 그리고 일반 이용자들이 이미 소유한 것을 공 유하는 활동을 통해 기업의 형태로 진화되고, 기업이 장소를 제공한다는 특징이 있다.

밑의 그림은 기업이 제공하는 플랫폼의 수익모델을 보여준다. 잉여자산을 가진 이용자와 이 를 필요로 하는 수요자 사이에 이용자들을 연결하는 장을 제공해주고, 이러한 장소에서 서로 다른 성질을 지닌 이용자 간의 거래와 네트워크가 발생하는 것이다. 이러한 과정 속에서 ICT 기술의 발달은 연결과정에서 발생할 수 있는 비용을 최소한으로 낮춰주는 역할을 한다.

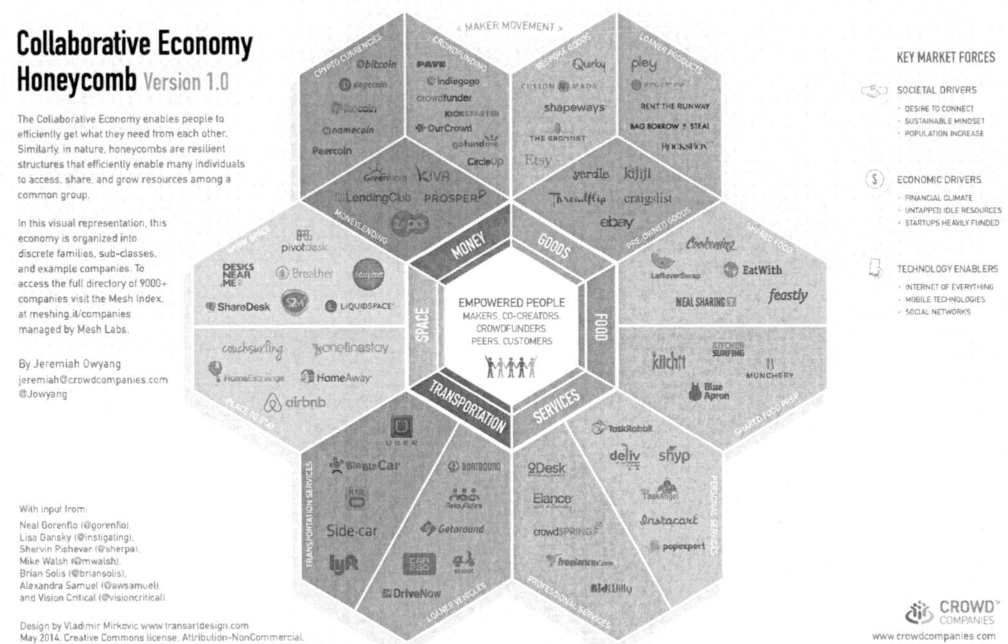

그림 17 : 'Collaborative Economy Honeycomb' 공유경제 프레임워크

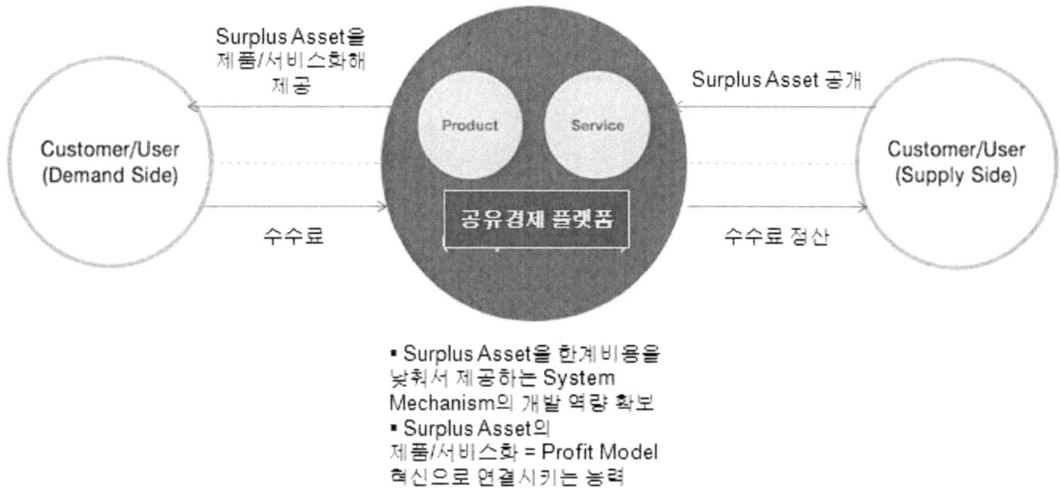

그림 18 공유경제의 플랫폼으로서의 작동방식
26)

현대 공유경제는 'Mobile On-Demand Economy, Last-Second Economy라는 기술적 용어를 바탕으로 발전하고 있다. Mobile On-Demand Economy란, 모바일기기가 고객의 모든 요구사항을 수집하는 애플리케이션 형태로 존재하지만, 결국 오프라인 서비스를 통해 고객의 해당 요구사항이 해결되는 것을 말한다. 이를 연구한 스티브 슈라프만(Steve Schlafman)은 Uber가 성공할 수 있었던 이유를 공유경제의 프레임 보다는 이 모바일 기기의 활용으로 보고 있다.

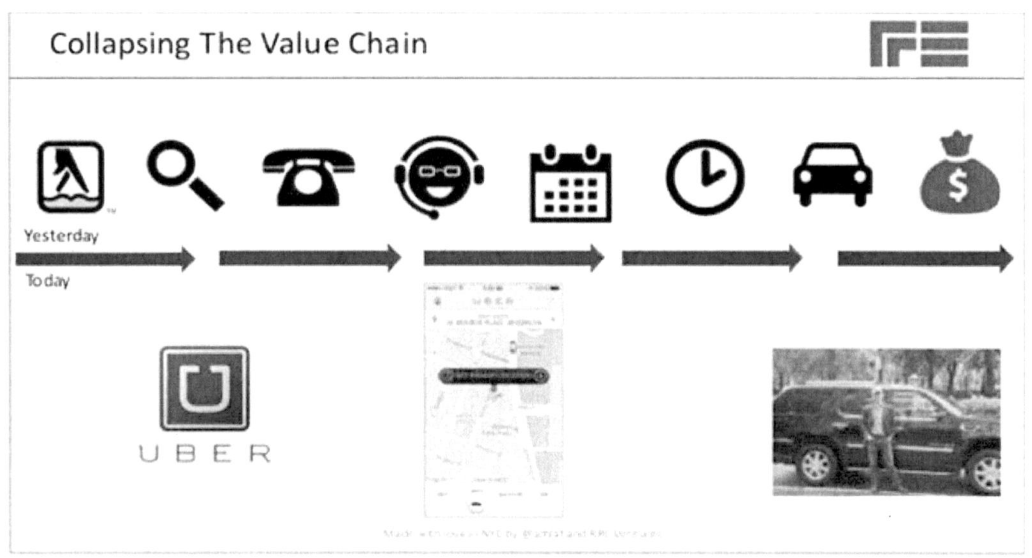

그림 19 Uber에서의 Mobile on Demand의 작동 메커니즘
27)

---

26) 출처: 로아컨설팅
27) 출처: "On Demand Everything" Steven schlafman

기존의 있던 '콜택시'의 운영방식을 보면 전화번호를 찾고, 그 회사에게 전화를 걸면 배차를 위해서 상담원과 통화를 한 후 안내된다. 그 후 고객은 택시가 오기를 기다려야 하며, 목적지에 도착하여 비용을 지불하는 형태이다. 이는 운송수단을 불러 목적지를 가기 위해서 비교적 많은 과정을 요구한다. 이와 달리 Uber는 모바일 기기의 발달로 이를 간소화 시켰는데, 먼저 Uber App를 설치하고, 사용자 위치 주변을 중심으로, 3분 이내에 올 수 있는 우버 드라이버를 선별해주며, 이용자는 자발적으로 택시 기사를 선택하여 이용할 수 있는 방식으로 운영된다.

이처럼 모바일 기술을 이용하여 사용자가 원하는 시간, 원하는 장소, 원하는 횟수만큼 필요할 때 마다, 간편하게 모바일을 통해 요청하고 기업은 플랫폼을 이용하여 요청사항을 해결하는 데 집중하는 형태의 모습을 보인다. 이러한 모습은 다른 대표적인 공유 플랫폼에서도 볼 수 있다. 이처럼 정보 통신의 발달과 모바일 기술의 발달이 이용자와 이용자 간의 물리적인 거리를 좁혀주었고, 기존 사업의 운영방식보다 최소한의 관리를 하면서 거래를 할 수 있는 장소를 제공해주면서 이용자들은 자산들의 유휴자산을 직접 인터넷 네트워크를 통해 업로드하여 사용할 수 있게 되었다.

또한 플랫폼을 이용한 공유경제의 운영방식은 또 다른 모습으로 진화할 것으로 예상되어진다. 그 중심에는 블록체인 기술[28]이 있다. 현 공유경제 속에서 '공유'는 아직 명확한 한계가 있다. 만나는데 한계비용과 시간이 소요된다는 것이다. 하지만 인터넷의 가상 공간에서는 한계비용이 발생하지 않는다. 더 나아가서 공유경제 플랫폼 시장은 현재의 '플랫폼 사업자'로부터 독립하는 형태로 진화될 수 있다. 현재 공유경제 중심의 온라인과 오프라인을 연결해주는 플랫폼 사업자들이 있다면 미래에는 이를 블록체인 기술이 대체할 가능성이 높기 때문이다.

---

28) 누구나 열람할 수 있는 장부에 거래 내역을 투명하게 기록하고, 여러 대의 컴퓨터에 이를 복제해 저장하는 분산형 데이터 저장기술이다. 여러 대의 컴퓨터가 기록을 검증하여 해킹을 막는다.

공유경제, 신뢰의 경제

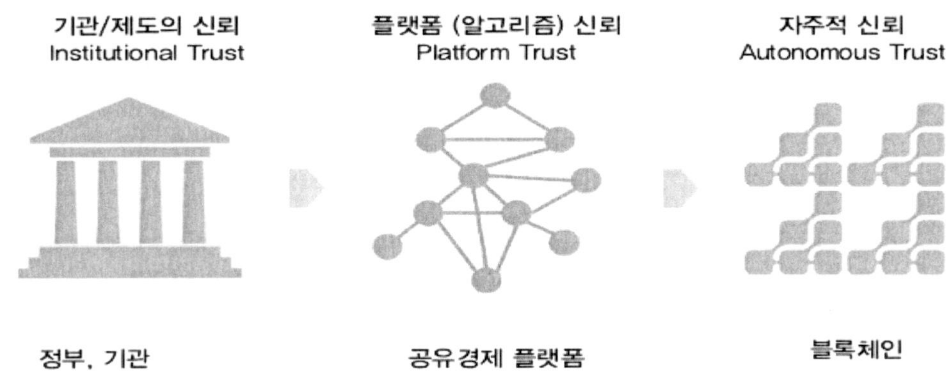

그림 20 공유경제 신뢰 방식

29)

공유경제는 신뢰를 바탕으로 하는 경제 형태다. 위 그림에서 알 수 있듯이 과거서부터 그 신뢰를 보장해주는 방식이 변화하고 있다. 과거에는 정부나 기관이 거래에서 발생할 수 있는 문제들을 해결해 주었고 그로부터 거래자들은 신뢰를 보장받아 경제활동을 지속할 수 있었다. 그리고 지금은 플랫폼이라는 방식을 통해 이용자들에게 신뢰를 제공하고 꾸준한 거래가 발생할 수 있도록 기술적인 도움을 준다. 그 후 미래에는 블록체인 기술을 통하여, 중간 중개인 없이, 이용자들끼리 자발적인 기술적인 신뢰에 의존하며 경제활동을 할 수 있을 것으로 예상되어진다. 이런 방식이 가능하게 되면, 그 사이에서 발생했던 수수료와 같은 한계비용들을 최소화 시킬 수 있으며 이를 이용하는 이용자들에게는 더 큰 효용으로 다가올 것이다.

---

29) 출처 : SKT T square 사내 강연 발표자료 Published on Jul 28, 2017

Ⅳ. 공유 경제 플랫폼

4. 공유 경제 플랫폼

공유경제라는 경제 개념과 함께 그를 이용한 여러가지 형태의 기업들이 생겨나고 있다. 이번 장에서 이러한 형태의 사례를 일정한 분류(장소, 물건, 지식, 교통)의 공유 형태로 나누어 알아보고자 한다.

가. 장소의 공유

장소의 공유란 기존 정의하고 있던, 집, 사무실, 주차장 등 개인이 갖고 있는 특정 장소를 사용하지 않는 기간 동안 필요로 하는 대상에게 공유하는 것을 말한다. 과거의 경제에서 이러한 개인의 장소가 한 개인이 소유한 개념으로 한정되었던 것과는 달리, 공유경제에서는 이러한 소유의 공간을 공유함으로써 유휴자산의 효율적인 이용을 가능하게 한다.

대여자에게는 일정 수익을 제공하고 이용자에게는 저렴한 가격에 니즈를 충족시켜 줄 수 있다는 이점을 갖고 있다. 이러한 공간을 공유하는 이용자들은 한 기업이 제공하는 플랫폼 안에서 일정 수수료를 제공하고 개인 대 개인의 거래를 진행하게 된다. 그럼 이러한 장소의 공유를 통해 성장한 몇몇 기업들에 대해서 알아보도록 하자.

1) 에어비앤비

미국의 대표적인 숙박 공유 플랫폼 에어비앤비(Airbnb)가 그에 속한다. 에어비앤비(Airbnb)란 Air Bed and Breakfast의 약자로 숙박과 간단한 아침식사를 의미하는 온라인 민박 중개 플랫폼 서비스 기업이다. 2008년 08월, 미국 샌프란시스크에서 시작한 공유기업으로 이 기업은 지역별 등록자가 갖고 있는 빈 방이나 당분간 쓰지 않는 방들에 대한 정보를 등록하도록 도와주고, 이를 필요로 하는 대상들에게 방에 대한 정보를 제공해주면서 대여자와 이용자를 연결해 주는 역할을 한다. 이는 특히, 그 지역을 여행하는 여행자들에게 큰 인기를 끌었는데, 그 이유는 호텔을 이용히는 깃보다 저렴한 가격에 그에 뒤쳐지지 않는 서비스를 이용할 수 있고, 대여자 또한 자신이 갖고 있는 잉여 자산을 통해 추가적인 수익을 창출해 낼 수 있었기 때문이다. 다음은 에어비앤비(Airbnb) 비즈니스 모델을 보여준다.

그림 23 에어비앤비(Airbnb) 비즈니스 모델

30)

에어비앤비(Airbnb)는 숙박 중개 플랫폼 서비스를 제공하기 때문에 가장 많은 수익은 광고와 중개수수료이다. 숙박 공급자는 객실 제공을 하고 싶은 경우, 에어비앤비(Airbnb) 홈페이지에 객실 사진과 가격을 결정해 상품을 등록하면 된다. 숙박 수요자는 홈페이지에서 숙박하고 싶은 객실을 선택한 후 예약 및 결제를 진행한다. 이후 거래가 완료된 경우 에어비앤비(Airbnb)는 숙박 공급자로부터 금액의 3%, 숙박 이용자로부터 객실에 따라 6-12%의 수수료 수익을 얻게 된다.[31]

이러한 에어비앤비(Airbnb)의 시장 규모는 매년 성장하고 있다. 또한 이는 기존에 숙박 산업을 차지하고 있던 호텔 관련 기업들의 기업 가치 또한 추월한 상태이다. 에어비앤비(Airbnb) 창업 10년 만에 기업가치가 약 300억달러(약 40조)가 되었다.[32] 이는 이전에 오랫동안 굳건히 숙박업계 1위를 자랑하고 있던 '힐튼' 호텔의 기업 가치를 뛰어넘는 것이었다. 이는 스마트폰의 발달로 일상에의 정보 공유가 활달해지면서 SNS를 통해 이를 이용하는 소비자들의 적극적인이고 자발적인 홍보가 이러한 성공에 큰 영향을 끼친 것으로 추정된다.

이러한 에어비앤비의 성장배경에는 정보기술의 발달에 따라서 생겨난 생산(Produce)과 소비(Consumer)를 함께하는 '프로슈머(Prosumer)'의 등장을 들 수 있다. 이로 인해 공간에 대한 잉여자산을 갖고 있던 소비자이자 생산주체인 '프로슈머(Prosumer)'는 일반 이용자에게까지 관광과 숙박에 대한 경제활동에 참여할 수 있게 하였고, 이에 따라 저렴한 가격의 숙박 시설에 대한 수요를 증가시켰다. 또한 이용자들의 다양한 참여는 일반적인 호텔의 획일화된 서비스와 디자인을 갖춘 숙박시설과는 달리, 그 현지 사람들의 감성과 환경을 느끼고 싶은 관광객, 즉 이용자들에게는 일반 숙박서비스와는 다르게 다가왔다. 이러한 서비스에 제공은 일반적으로 여행에 대한 피로를 푸는 공간만의 제공이 아니라, 현지 문화를 보다 직접적으로 느낄 수 있게 해주었고 자신이 원하는 다양한 디자인을 선택할 수 있는 권리를 소비자에게 부여한 데 있어서 이용자들의 큰 인기를 끌었다.

---

30) 출처: "숙박 중개 플랫폼 기업, 에어비앤비는 어떻게 시작하였는가?" blog 발췌
31) 출처: "숙박 중개 플랫폼 기업, 에어비앤비는 어떻게 시작하였는가?" blog 참고
32) 출처: 월세 낼 돈도 없던 에어비앤비는 어떻게 성공했을까? brunch story 참고

또 다른 성공요인으로는 SNS와의 결합을 들 수 있다. 페이스북(facebook), 트위터(twitter) 계정 등 SNS 연동을 통해 숙박 공급자에 대한 정보를 제공해 숙박 이용자의 불안감을 줄일 수 있을 뿐만 아니라 이용객들의 누적 후기를 통해 거래 간 신뢰를 쌓을 수 있었다. 이러한 이용자들의 직접적인 후기는 에어비앤비(Airbnb)의 홍보수단으로써 역할을 했는데, 여행과 같은 자신의 일상을 공유하고자하는 현대인들에게 색다른 형태의 만족스러운 숙박 형태를 제공함으로써 그들에게 다른 사람들에게도 자발적으로 홍보가 가능하도록 유도하였고, 이는 SNS의 발달로 인해 더욱 빠르게 성장하게 되었다.

그림 24 에어비앤비(Airbnb) 성공요인
33)

이 뿐만 아니라, 에어비앤비(Airbnb)만의 차별화된 결제시스템 또한 기존의 호텔 산업이 갖고 있던 방식과는 차이점을 보인다. 에어비앤비(Airbnb)의 이용객들은 전 세계에 위치한 고객들이기 때문에 기존 호텔 결제에서의 해당 국가의 통화를 이용하는 등의 불편을 겪은 것과는 달리, 전 세계에서 통용 가능한 결제시스템을 도입함으로써 전 세계에서 빠르게 이용률을 높일 수 있었고, 해당 호스트와의 직접적인 연결할 수 있는 장을 제공함으로써 방에 대한 정보와 요구를 비교적 직접적으로 할 수 있게 하였다. 마지막으로 저렴한 가격이 주는 이점과 동시에 현지인의 주거지에서 숙박하면서 현지인과의 밀접한 교류와 직접적인 문화 체험을 할 수 있다는 점이 이용자들에게는 큰 매력으로 다가왔다.

---

33) 출처 : 이용성, 이코노미조선, 2017.01.23. 07:51 <에어비앤비 충격 이후 658조원 호텔..>
에어비앤비(Airbnb) 성공요인과 문제점 - 네이버 blog 투에이치 <사진 출처 : 핀터레스트>

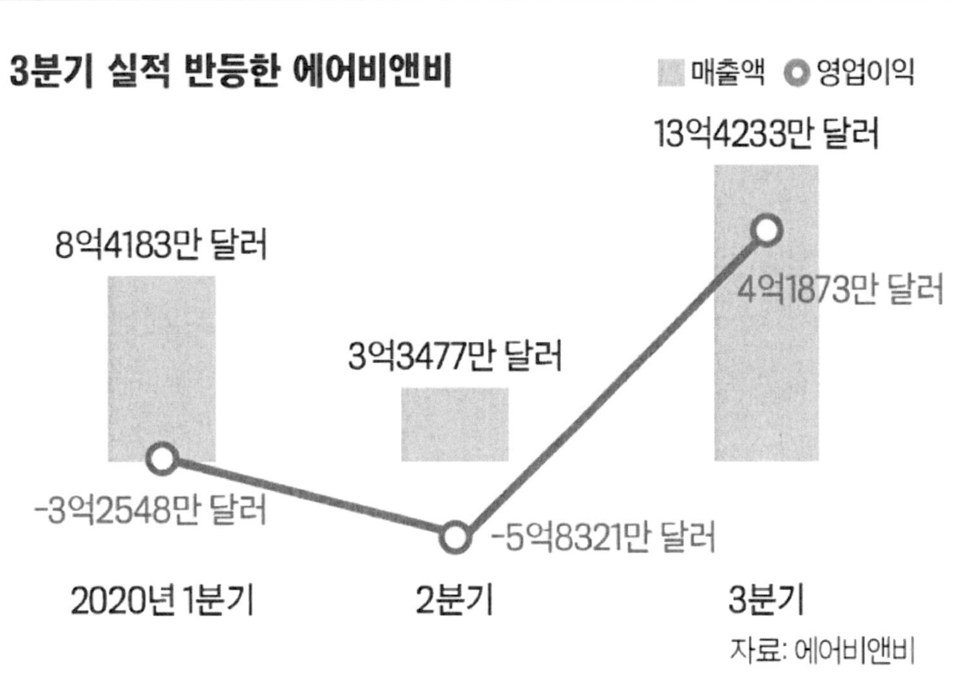

그러나 전 세계적인 코로나 팬데믹 때문에 승승장구하던 에어비앤비도 타격을 입었다. 여행객이 급감하며 에어비앤비는 2020년 1분기 영업이익이 3억2548만 달러 손실을 기록한데 이어 2분기에는 5억8321만 달러 적자를 기록했다. 상반기에만 10억 달러(약 1조1700억원)에 달하는 손실을 입은 것이다. 임직원의 임금 삭감과 마케팅 비용 절감 등을 총동원해 코로나19 위기를 타개해나가겠다고 밝혔지만 전체 직원 25%의 해고조치가 불가피했다.

특히 개인의 집을 빌리는 공유 숙박의 특성상 방역에 취약할 것이라는 약점 때문에 업계에서는 에어비앤비의 승승장구는 여기서 멈춘다고 전망했다. 그러나 에어비앤비의 위기는 길지 않았다. 2020년 3분기 영업이익 4억1873만 달러를 기록하며 회복세를 보였다.

이어 한 차례 연기 후 2020년 12월에 이뤄진 미국 나스닥 상장은 첫날 시가총액 100조원을 돌파하며 '대박'을 쳤다. 이는 글로벌 1위 호텔체인 메리어트인터내셔널(420억 달러)과 2위 힐튼월드와이드(290억 달러)의 시총을 합한 것보다도 큰 수치였다. 에어비앤비 주가는 더욱 급등해 2021년 1월 시총이 1130억 달러에 이르렀다.[34]

---

34) [코로나 시대, 에어비앤비의 위기 극복법] '온라인 체험 서비스'로 여행은 계속 된다. 중앙시사매거진

　에어비앤비의 상장 첫 날 시가총액은 1000억달러를 넘어서며, 기업가치를 2배 이상 끌어올렸다. 메리어트, 힐튼, 하얏트 등 기존 호텔 업체들의 기업가치를 다 합쳐도 에어비앤비에는 미치지 못할 만큼 몸집을 불렸다.

　이러한 에어비앤비의 회복세에 업계는 코로나19 백신 출시에 대한 기대감으로 여행수요가 되살아날 것이란 기대감이 반영된 결과로 풀이하고 있다. 이에 따라 에어비앤비 시가총액도 시초가인 146달러를 기준으로 1016억달러(한화 약 110조6000억원)를 기록했다. 하루 만에 기업가치가 두 배 이상 불어난 것으로, 이는 메리어트, 힐튼, 하얏트 등 기존 호텔 업체들의 시가총액을 모두 합친 것보다 큰 규모다. NYT(뉴욕타임스)는 "에어비앤비가 동시대 '유니콘' 기업 중에서도 가장 큰 기업으로 부상했다"고 평가했다.

　에어비앤비는 특히 여름 휴가철을 반전의 계기로 삼아 거주 지역에서 가까운 곳으로 여행하려는 소비자의 수요에 발 빠르게 대응하며 투자자의 관심을 되살리는데 성공했다. WSJ(월스트리트저널)에 따르면 거주 지역에서 300마일(483㎞) 이내의 여행수요가 증가하며 예약건수가 급격히 회복됐기 때문이라고 전했다. 이에 따라 2020년 1분기에 전년 동기대비 91% 급락했던 예약률은 3분기 28% 감소로 호전됐다.[35]

　한편, 코로나 시대에 재택근무 등이 일상화되며 다른 지역에서 장기간 투숙하는 방식도 각광받고 있는데 에어비앤비는 28일 이상의 장기투숙 예약 건수가 늘자, 이에 발 빠르게 대처해 '장기 숙박 프로그램'을 개발했다.

　또한 업계 관계자는 "국내에서도 재택근무를 하는 기업이 늘면서 출퇴근에 대한 부담이 줄었다"며 "비대면 트렌드가 지속되는 것 또한 독채 형태의 숙소가 대부분인 에어비앤비에게는 호재"라고 말했다. 국내 한 호텔 임원은 "코로나19 사태가 장기화될수록 여행에 대한 갈증은 더 심화됐다"며 "에어비앤비가 이러한 틈새를 발 빠르게 파고든 덕분에 위기를 기회로 바꿀 수 있었다"고 분석했다.

---

35) 코로나로 망하는줄 알았는데⋯에어비앤비 '상장 대박'으로 화려한 데뷔. - 이데일리

2) 공유오피스

 공간의 공유가 활발하게 진행되면서 그 공간의 종류가 잠을 자는 공간인 집뿐만 아니라 사무실로까지 확대되었다. 이는 최근 공유 경제의 세계적인 트렌드인 '코워킹 스페이스 (coworking space)'다. 미국 뉴욕이나 영국 런던처럼 집값이 비싼 대도시에서 여러 사람이 한 집을 공동으로 사용하며 경제적 부담을 줄이는 개념을 사무 공간에 도입한 것으로부터 시작되었다.36) 국내에서 이러한 '공유오피스'는 일반 사무실 임대와는 달리 규모, 월 이용료, 인원 등 다양한 조건으로 사무실을 사용할 수 있다는 점에서 더욱 저렴하고 효율적으로 이용할 수 있어 1인 창업자, 스타트업들에게 인기를 얻고 있다.

 서울 지역 소규모 오피스(10인 이하)임대시장 규모는 연간 1조원 이상으로 추산된다. 업계는 스타트업이 폭발적으로 증가하면서 단기로 사무공간을 빌려주는 공유 오피스 시장에 주목하고 있다. 1인 창업자, 스타트업이 공유 오피스를 사용하는 가장 첫 번째 이유는 임대료가 비교적 저렴하기 때문이다. 하지만 소규모 자원으로 사업을 시작하는 스타트업에는 인원이 늘어날수록 비용부담이 커진다는 한계점을 지닌다. 또한 사무실 환경에 변화를 줄 수 없다는 단점과 개인만의 공간이 아니기 때문에 불편을 감수해야한다는 점이 한계로 지적되어진다.

　　가) 시장규모

 공유 오피스에 대한 수요와 시장 규모는 매년 증가하고 있다. 세계적인 공유 경제의 성장과 더불어 국내의 공유오피스 시장 규모 또한 폭발적인 성장을 보여준다. 2010년 이후 전통적 임대 시장의 오피스 공실률이 지속적으로 증가하고 10인 이하의 스타트업 및 1인기업이 증가하면서 저비용 오피스 이용의 수요가 확대되었고, 커뮤니티 형성을 통한 네트워크 창출의 코워킹 스페이스 개념이 확산되면서 공유 오피스는 더욱 힘을 받았다.

 그러나 코로나 팬데믹 이후 오피스 시장은 많은 변화를 보일 것으로 예상된다. 둔화되고 있는 일반 오피스 시장과 대조적으로, 공유 오피스에 대한 수요는 계속해서 증가할 것으로 점쳐지고 있기 때문이다. 그러나 기업 고객 비중이 늘어나는 등 달라진 시장에 사업 전략 또한 탈바꿈해야 한다는 과제가 요구되고 있다.

 코로나19 이후 **일반 오피스 시장**의 경우 둔화된 흐름을 지속하며 큰 타격을 입었다. 미국 주요 7개 도시 내 오피스 임차수요를 보여주는 지표인 VODI(VTS Office Demand Index)는 2020년 12월 전년 대비 61% 하락했다. 미국 대도시권 오피스의 공실률은 15%로, 금융위기 시기보다도 약 3% 높았다. 또 신규공급 감소에도 순흡수면적은 2020년 2분기 이후 마이너스를 기록하고 있다.

---

36) 출처 : 온라인 디지털 경제미디어 키뉴스(KINEWS)(http://www.kinews.net)

반면 코로나19 이후 공유 오피스 수요는 지속적으로 상승세를 보이고 있다. KT경제경영연구소의 자료에 따르면 공유 오피스는 폭발적인 성장세를 기록할 것으로 예상된다. 2017년 600억원 규모에 불과했던 국내 공유 오피스 시장은 오는 2022년 7,700억원 규모로 커질 전망이다. 업계에서는 코로나19로 대형 사무실 공간에 대한 불안 심리가 커지면서 공유 오피스의 수요는 계속 늘어날 것으로 보고 있다.

공유 오피스 플랫폼업체인 Coworking에 따르면, **공유 오피스 산업 성장**은 2021년부터 본격화되었다. 이 업체는 2020년 공유 오피스와 사용자 수가 6~7%대의 성장을 보였다가, 경제가 재개되는 2021년부터 20%대로 가속화할 것으로 예측했다. 2024년이 되면 글로벌 공유 오피스와 사용자 수는 각각 4.2만개, 5백만명으로 2020년 수치의 2.2배, 2.6배에 달할 것으로 기대된다.[37]

　　　　나) 코로나19와 공유오피스

전 세계는 코로나 팬데믹의 영향을 받았고, 이에 따라 북미, 유럽의 공유 오피스 시장도 그 여파를 피해갈 수 없었다. 그러나 아시아 공유 오피스 시장은 상대적으로 큰 영향을 받지 않고 있다는 분석이 나왔다. 특히 한국 공유 오피스 시장에 대한 코로나19 팬데믹의 영향은 제한적이었으며, 오히려 수혜를 받고 있다는 의견도 있다. 그 이유는 ▲ 바이러스로부터 안전한 업무 공간 ▲ 업황 변동성을 감안한 유동적인 부동산 계약 구조 ▲ 신규 오피스 설립에 드는 비용 절감 등의 필요성을 일깨웠기 때문이다.

특히 스타트업, 1인 기업, 프리랜서들은 기존에 카페를 주 업무공간으로 활용하곤 했으나, 코로나의 격상 이후로 정부가 카페의 내부 시설 이용을 제한적으로 운영하면서 이들이 재택근무를 할 수 있는 공간을 잃게 되었다. 결국 이러한 환경은 '최소 단위의 사무실'을 제공하는 공유 오피스에 대한 니즈로 연결되었다. 공유 오피스는 단기 멤버십 계약이 가능하고, 코로나 상황에 따라 언제든 기존 업무 공간으로 돌아갈 수 있다는 특징이 있기 때문에 오히려 공유 오피스에 대한 수요가 높아진 것이었다.

팬데믹 시대에 국내 고객들의 수요는 이전과 많이 달라졌다. 그 특징으로는 최소 단위 오피스에 대한 절대적인 수요가 늘었다는 것이고, 해외에 본사를 두고 있는 기업들의 단기 체류도 증가했다. 또한 미팅룸, 세미나실과 같은 다목적 공간들을 단기간 사용하고자 하는 이들도 증가했다. 기존에 사용하던 시설이나 대규모 행사가 취소되면서 차선책으로 공유 오피스에 눈을 돌린 케이스였다. 이에 따라 향후 5년까지 공유오피스는 기존 오피스 부동산 시장과 기업의 소비문화를 뒤바꿀 중요한 카드로 작용할 것이라는 전망이다.[38]

이와 같은 코로나 팬데믹에 대응하여 여러 공유오피스 기업들은 변화를 꾀하고 있다. 오피스 플랫폼 '패스트파이브'는 100인 이상의 기업 고객에게 맞춤형 오피스 환경을 제공하는 '오피스 솔루션'과 개인 및 프리랜서 고객을 위한 '패파 패스', 소형 빌딩의 위탁 운영 서비스를 제공하는 '빌딩 솔루션' 등 다양한 상품 라인업을 시도했다.

---

37) [팬데믹이후 공유오피스-下] 변화하는 공유오피스시장과 전략. - 비즈트리뷴
38) 공유 오피스, 사무실 문화- 부동산 시장의 게임 체인저 될까. - 동아비즈니스리뷰

또한 빌딩 솔루션을 통해 패스트파이브는 건물 임차 보증금, 인테리어 등 초기비용 부담을 낮추고, 건물주는 인테리어 비용 일부를 부담하지만 공실 최소화, 안정된 임대 수익 기대와 사무실 운영 부담을 줄일 수 있어 서로 윈윈(Win-win)할 수 있어 긍정적인 평을 얻고 있다.[39]

한편, 위워크코리아 대표는 코로나19는 국내 공유오피스 업계엔 '위기'가 아니라 '기회'라고 언급하며, "코로나19 확산에도 불구하고 지난해 매출이 전년 대비 20%가량 성장했다"며 "업무공간을 분산하려는 기업 고객, 재택근무로 집이나 회사 밖에서 일할 공간을 찾는 개인 고객 수요가 늘었다"고 밝혔다.

위워크는 세계 38개국, 151개 도시에 765개 지점을 둔 글로벌 공유오피스 기업이다. 국내엔 2016년 진출해 지난해 개점한 신논현점까지 서울 17개, 부산 2개 등 총 19개 지점을 운영 중이다. 코로나19 사태로 공유경제에 위기가 찾아올 것이란 우려가 많았지만 전 대표는 공실률과 이용률에 큰 변화가 없다고 강조했다. 전 대표는 "서울에 비해 코로나19 확산세가 덜했던 부산의 이용률은 오히려 상승했다"고 말했다. 이어 "내부에 '코로나19 대응팀'을 상주시키며 방역과 위생 등에 신경쓰는 등 회원들이 믿고 안전하게 이용할 수 있는 환경을 조성하기 위해 노력하고 있다"고 덧붙였다.[40]

다만 서울 강북권 지점은 강남권에 비해 공실률이 높아 운영 방향 개선을 검토 중이라고 밝히며, 국내 최대 규모였던 을지로점은 삼일대로 대신파이낸스센터 전체 26개 층 중 10개 층(7~16층)을 사용하다가 5개 층(7~11층)으로 규모를 줄였다고 언급했다. 10호점 종로타워점은 철수설이 나오기도 했다. 전 대표는 "도심권에 지나치게 큰 지점 여러 개를 공급하다 보니 예상보다 공실률이 높게 나타났다"며 "철수 계획은 없으나 임차료 조정 또는 고정된 임차료를 내는 것이 아니라 매출의 일정 부분을 임대인과 공유하는 등의 방식으로 수익 구조를 개선할 방침"이라고 말했지만 결국 어려움을 극복하지 못하고 2021년 11월에 영업을 종료하였다.[41][42]

39) "공유오피스의 진화", 빌딩솔루션 통해 건물주와 상생 윈윈 프로그램으로 긍징효과.- 데일리경제
40) 위워크 "한국 공유 사무실 경쟁 치열"…서비스 확장 나선다 - 지디넷코리아
41) "코로나는 공유오피스에 위기 아닌 기회…작년 매출 20% 늘어". - 한국경제
42) WeWork 3.1 서울 소재 지점 - 나무위키

다) 국내 공유오피스 업계

국내 스타트업 업체가 몰려있는 서울 강남구에서는 1~2년 전부터 협업 공간을 내세운 공유 사무실들이 잇따라 등장했다. 현재 테헤란로와 삼성동 일대에서만 **위워크, 패스트파이브, 스파크플러스, 잭팟(z.a.g pot) 등 10여개 업체**가 운영 중이다. 이 중 위워크, 패스트파이브, 스파크플러스 국내 주요 3개 기업에 최근 순위변동의 조짐이 보이고 있다.

구분	위워크	패스트파이브	스파크플러스
한국 1호점 개설	2016년 8월 강남역점	2015년 4월 서초점	2016년 11월 역삼점
총 입주 인원	약 2만명	약 2만 8,000명	약 1만 5,000명
특징	**저수익 지점 축소 등 구조조정**	**연내 3개 추가 개설**	**연내 2개 추가 개설**
2021년 영업수익	370억원	820억원	436억원
2022년 영업수익	[43]394억원	[44]1,110억원	[45]633억원

표 6 국내 공유오피스 기업 현황

국내 공유 오피스 시장을 주도했던 글로벌 업체 위워크가 일부 지점 축소에 돌입하는 등 확장세가 확 꺾인 반면 패스트파이브, 스파크플러스 등 토종 업체들이 공격적으로 지점을 늘려가고 있다. 이처럼 국내 업체들이 위워크 아성을 위협하면서 국내 공유 오피스 시장 지각변동이 불가피할 것으로 보인다.

부동산·공유 오피스 업계에 따르면 2016년 국내에 진출한 이후 지점 수를 빠르게 늘리며 지난해 말 기준 19개 공유 오피스를 갖고 있던 위워크는 2020년 들어 신규 지점을 단 1개만 개설하는 데 그쳤다. 당장 신규 지점을 추가 개설하는 대신 수익성이 떨어지는 기존 지점을 축소하는 전략을 펼칠 계획인 것으로 알려졌다.

그러나 국내 공유오피스 기업 2위 업체였던 패스트파이브는 2022년 들어 신규 지점을 7개 열면서 공유 오피스 수를 40개로 늘렸다. 하반기에도 지점 5개를 추가 개설하는 한편 2023년 80호점까지 확대하기로 했다.[46] 또 최근 직장인을 대상으로 한 교육업체 패스트캠퍼스를 인수하는 한편 한국거래소 코스닥시장본부에 상장예비심사를 청구하고 IPO 준비에 들어갔다. 상장을 통해 조달한 자금으로 사업을 한층 더 키우겠다는 생각이다.

또한 패스트파이브는 최근 1인 사업자를 대상으로 '패파패스'라는 단기 자유 좌석 상품을 론칭하면서 코로나 팬데믹으로 인해 변화된 고객들의 수요를 저격했다. 패파패스는 기존의 월 단위 자유 좌석 멤버십과 유사하지만 고객들이 평일, 주말 등 사무공간 이용 주기를 좀 더 유

---

43) 기대에 못 미친 임대수익… 손상차손 폭탄 맞은 위워크코리아 - 모바일한경
44) 패스트파이브 재무평가　케치
45) 공유오피스 줄줄이 위기인데… 스파크플러스는 손익분기점 넘겼다 - 서울경제
46) '패스트파이브' 매출액 548억원… 전년대비 58% 증가 - 아주경제

연하게 조절할 수 있도록 하는 것이 특징이다. 여기에 음료와 간식 등의 먹을거리도 제공했다.[47)

 패스트파이브는 2022년 매출 1,186억원을 기록하면서 전년(830억원) 대비 영업수익이 늘었지만 같은 기간 영업손실은 38억원에서 92억원으로 크게 늘어 적자를 기록했다. 패스트파이브 관계자는 "매출은 증가했지만 신규 사업 진행을 위한 인력충원과 투자에 대한 비용들이 반영되면서 영업이익 측면에서 아쉬운 모습을 보였다"면서 신규로 진행 중인 사업과 경영 및 지점 운영의 효율화에 집중하고 있는 중이라고 했다.

 한편, 2016년 액셀러레이터 스파크랩과 아주그룹의 `아주호텔앤리조트`가 50%씩 출자해 만든 공유 오피스 스파크플러스도 2016년 11월 서울 강남구 역삼동 아주빌딩 1호점을 시작으로 2022년 말까지 서울과 경기에 34개 지점을 개설하였다. 스파크플러스는 2023년 하반기에 2개 지점을 추가 개설하고, 2024년까지 지점 수를 40개까지 확보할 계획이다.[48) 또한 사무실 공간 탐색부터 업무 인프라 구축, 멤버십 운영 등으로 구성된 '토탈 오피스솔루션'을 선보였다. 건물 안정성 검토부터 임차 계약 대행, 인테리어 설계 등 사무공간 마련에 필요한 업무 전반을 대신해 준다. 서울·경기 지역 23개 공유오피스 지점에 지정석을 자유롭게 선택해 이용할 수 있는 '스플라운지패스'도 최근 출시했다. 스파크플러스 관계는 "분산·거점 근무가 장기화함에 따라 다양한 근무지에 대한 수요가 높다"며 "기업들이 효율적으로 분산 근무를 할 수 있는 다양한 인프라를 지속적으로 마련할 것"이라고 말했다.

 스파크플러스는 2022년 매출 632억원을 기록하며 전년(436억) 대비 매출 성장률을 45%나 몸집을 키웠다. 2020년 32억원의 영업손실액을 기록한 것 과 달리 2021년에는 1억7915만원의 영업이익을 달성했다. [49)

   3) 공유매장

 공유매장은 한 가게에서 복수의 사업자가 시간이나 공간, 또는 주방을 나눠 쓰는 '자영업의 공유경제' 모델이다. 경기 불황으로 자영업 시장에 폐점 리스크가 높아지면서 월세 부담을 줄이려는 점주, 창업 이용과 리스크를 줄이려는 대여자, 폐업으로 인한 공실을 피하려는 상가 주인의 이해가 맞아떨어진 공유경제 플랫폼 중 '장소의 공유' 케이스라고 할 수 있다. 이러한 공유매장의 형태는 타임별로 장사를 다르게 운영하는 '시간 공유', 공간을 같이 쓰는 '공간 공유', 요일별로 운영을 달리하는 '요일 공유' 등 다양한 형태로 운영될 수 있다.

 2020년 하반기 한국갤럽에서 실시한 조사에 따르면 부동산 트렌드 키워드 중 하나로 '공간의 유연화'가 제시되었다. 이는 사용 목적에 따라 엄격히 구분되어 왔던 공간 개념에서 벗어나 매장을 유연하게 활용하고자 하는 현상을 말한다. 때문에 쇼핑 업계에서도 한 가지 기능의 상업 시설 대신 고객의 활동과 소비를 이끌어 낼 수 있는 콘셉트형 복합공간을 구성하고 마케

---

47) 공유 오피스, 사무실 문화- 부동산 시장의 게임 체인저 될까. - 동아비즈니스리뷰
48) 토종 공유오피스 '스파크플러스' 첫 흑자 달성 - 국민일보
49) 엇갈린 공유오피스 실적… "패스트파이브 나홀로 적자" -조선비즈

팅을 결합한 체험형 상업 시설로 돌파구를 찾고 있다. 이렇듯 다양한 용도를 갖춘 공유매장은 도심이 토지 효용성도 높일 수 있기 때문에 임대인과 임차인 모두를 만족시킬 만한 비즈니스 모델로 떠오르고 있다.[50]

가) 코로나19와 공유주방

코로나19로 외식업계에 음식배달이 활성화된 가운데, 임대료가 부담스러운 자영업자들에게 공유주방은 새로운 대안으로 주목받고 있다.

KT는 '똑똑한 공유주방'을 만들기 위해 김치코리아와 업무협약을 맺고 서울 서대문구 충정로에 문을 연 배달형 공유주방 오키로키친에 식음료(F&B) 맞춤형 DX 플랫폼인 '스마트 그린키친'을 적용했다고 언급했다.

KT는 스마트 그린키친이 차별화된 환경관제 서비스와 기가 인프라를 기반으로 안전하고 경쟁력 있는 배달형 세션주방을 운영을 지원한다고 설명했다. 서울 충정로에 위치한 공유주방 오키로(5km)키친은 신촌, 광화문, 서대문 등 배달상권에 단독 지점으로는 전국 최대 규모인 31개 주방을 갖추고 있다. KT는 여기에 환경, 안전·방역, 상권분석, 에너지 등 DX 기반의 통합 솔루션을 지원한다.

빅데이터와 ICT 솔루션을 기반으로 안전하고 위생적인 조리환경과 소상공인을 위한 편의 서비스를 동시에 제공한다. 통합관제, 공기질 분석 솔루션 등을 적용해 안전한 조리는 물론 최적의 공기질 유지, 유해물질 차단, 배달원(라이더) 방역 등을 쉽게 해결할 수 있다. 이와 함께 매장 에너지 분석, AI 키오스크, 매장결제단말(POS) 시스템과 함께 인터넷, 와이파이 등 통신 인프라를 이용하는 것도 가능하다.

KT는 스마트 그린키친을 시작으로 통합 DX 플랫폼을 다중이용시설, 프랜차이즈 레스토랑, 신축 아파트 등 다양한 공간으로 확산시킬 계획이며, 무엇보다 각각의 공간의 특성을 고려해 맞춤형 솔루션을 제공해 만족도를 높이겠다는 목표를 전했다.[51]

한편, 공유주방은 대형 주방을 여러 사용자가 공유하도록 조성된 공간으로 임대료나 인테리어 등 초기 투자비용을 줄여 시장진입 장벽을 낮추는 효과가 있다. 공유주방 전문가의 메뉴개발과 온라인 판매·배달 전환, 마케팅 등을 활용할 수 있어 재기 소상공인이 비대면 경제에 빠르게 적응할 수 있다.

이에 소상공인시장진흥공단(이하 소진공)은 희망리턴패키지 중 하나로 추진하는 '공유주방 인큐베이팅 사업' 주관기관을 모집한다고 밝혔다. 희망리턴패키지는 영업여건 악화 등으로 폐업하거나 폐업예정인 소상공인이 신속하게 사업을 정리하고 재기할 수 있도록 지원하는 사업이다. 그간 소진공은 소상공인 업종전환· 재창업 지원과 관련해 유망·특화·융복합 실무교육과 경

---

50) [네이버포스트] 돈이 되는 정보를 담다-공유경제 플랫폼. - 푸르덴셜생명

51) 외식 대세는 배달…KT '공유주방' 시장 뛰어들었다. - 머니투데이

영·마케팅 멘토링에 집중해왔다. 그러나 예기치 않은 코로나19(COVID-19) 사태에 따른 오프라인 소비 감소되어 비대면·디지털 전환 등 경제환경이 급변하며 이에 대응하기 위해 지원내용을 개편했다.

공유주방 주관기관 자격 요건으론 △규제샌드박스 실증특례로 지정받아 관련 설비를 갖추고 △브랜드 개발·상품화·콘텐츠·마케팅 등을 지원할 수 있으며 △식품위생교육과 원가관리 등 전문가 자문 서비스가 가능한 기업이어야 한다. 소진공 이사장은 "민간기업의 사업운영 노하우와 인프라, 콘텐츠를 적극 활용해 공유주방이 소상공인 재기에 실질적으로 도움이 될 수 있도록 지속 노력하겠다"고 말했다.[52]

나) 공유주방의 사례

코로나 19 발생 이후 온라인으로 주문하는 배달음식 수요가 증가하고, 이에 따라 특히 배달형 공유주방을 선호하는 외식사업자도 점점 늘어나고 있다. 코로나19시대에도 공유주방의 활기가 좀처럼 식을 줄 모르는 이유이다. 그저 개개인의 외식사업자가 공간만을 공유하던 과거의 모델과 달리, 요즘의 공유주방은 나날이 지원 범위를 확대하고 있다. 단순한 임대업에서 더 나아가 음식 배달 사업을 위한 기술 지원, 기업 로고 제작이나 상품 촬영과 같은 브랜딩 관련 지원, 마케팅과 사업 확장을 위한 원가 및 행정 부분의 컨설팅 프로그램까지 제공한다.

위쿡에 입점한 샐러드 신선배송 스타트업 '프레시코드(Freshcode)'가 대표적인 공유주방의 이점을 활용하여 성장한 사례이다. 개인의 작은 공간에서 시작한 샐러드 배송 사업을 확장할 시기에, 불확실한 매장 확장에 투자하기보다 공유주방을 선택함으로써 사업 확장 이전 단계에 드는 리스크를 최소화하고 사업의 다음 단계를 안정적으로 준비할 수 있는 것이다. 이처럼 공유주방은 외식산업의 다양성을 창출하고 이들이 오래 생존할 수 있는 기반을 마련함으로써 스타트업 생태계에도 적지 않은 영향력을 미치고 있다.[53]

나. 물건의 공유

이번 장에서는 공유 대상 중에서도 가장 대표적인 물건의 공유을 이용한 플랫폼들에 대해서 알아보고자 한다. 물건의 공유는 공유경제에서는 가장 활발하게 거래가 발생하는데, 개인 간의 판매, 대여, 교환 기부 등의 방식으로 발생하며, 사실상 과거부터 존재했던 개념이다. 물건의 공유 사례에서는 개인 대 개인 거래, 쌍방 간 사용권 교환, 소유권 교환, 사용권 제공의 방식 모두 포함된다.[54] 이러한 공유는 여려가지 형태로 알아볼 수 있다.

2030의 젊은 세대들은 협동을 통해 경제적인 변화를 갈망하려고 하는 세대로서, 개개인의

---

52) 소진공 "소상공인 재기 노불 공유주방 찾아요". - 머니투데이
53) 공유주방, 코로나19 가 가져온 공유경제의 새로운 기회 - 서울특별시 공유허브
54) (김형균 외, 2013)

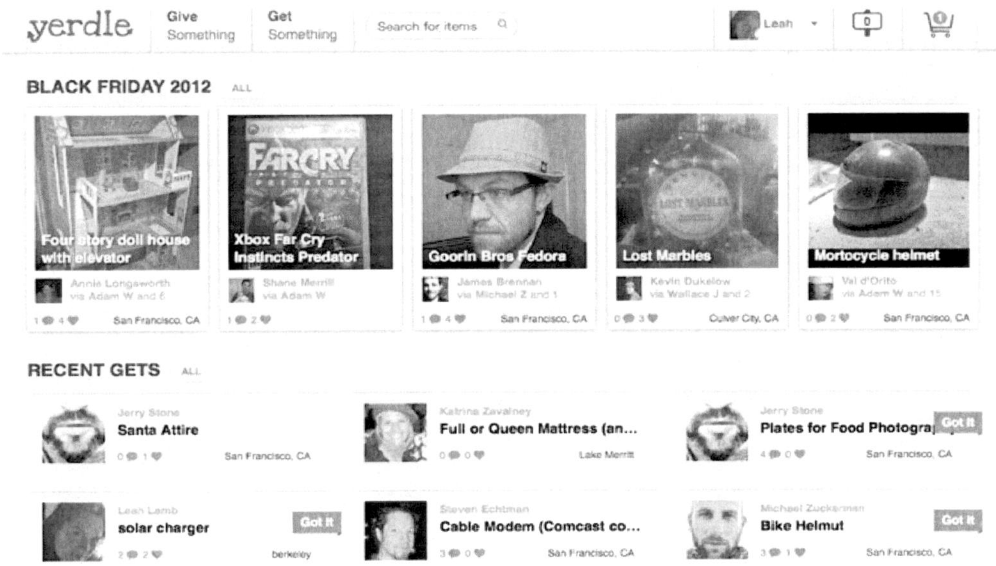

그림 26 옐들(YERDLE) 사이트 홈페이지

소비를 치중했던 것과는 달리 SNS를 사용하여 음악을 내려 받고 유튜브를 시청하면서 공공자전거를 이용하는데 익숙하듯 물건을 소유하는 개념보다는 '이용'하는 데 좀 더 초점을 두고 있다.

　　1) 옐들(YERDLE)

이 기업은 월마트, 집카, 사치앤드사치 등 세계적인 기업에서 일했던 전직 임원들이 모여 무료의 제품 유통 채널을 만들면서 탄생했다. '옐들(YERDLE)'이라는 이름의 이 플랫폼은 자신에게 필요 없는 물건을 포스팅해줘서 다른 사람들에게 제공해주는 역할을 한다. 공유 경제를 모토로 하는 이 업체의 공동 창업자는 '옐들(YERDLE)'은 단순한 프리사이클(무료나눔운동)이 아닌 공유하는 삶을 만들기 위한 플랫폼이라는 점이 핵심이라고 말한다.55)

옐들의 창업자는 인도에서 많은 사람들이 돈을 모아 공유할 수 있는 물건을 구입하는 것을 보고 아이디어를 얻어 사업을 시작하게 되었다. 옐들은 다른 물품 공유 플랫폼과는 달리 단순한 무료 나눔 운동이 아닌 공유하는 삶을 만들기 위한 플랫폼이라는 점을 강조했다. 자신이 필요 없는 물건을 공유하는 것으로부터 시작해, 더 나아가 사회 모두와 공유하는 모델로 발전시킬 계획을 전했다.

이처럼 필요 없는 물건들을 다른 사람이 사용할 수 있도록 공유해주는 서비스인 이 사업은 제품이나 서비스를 여러 사람이 공유해 자원 활용을 극대화 시켜주고 있다. 이 사업은 필요 없는 잉여 물품을 사진을 찍어서 공유 플랫폼에 올리면 필요한 사람들의 요청에 의해서 물건이 택배로 전해지게 된다. 누군가에게 필요 없는 물건도 이를 필요로 하는 사람이 있다는 데

---

55) 출처: 비즈온(BIZION) 홈페이지

서 출발한 개념이다.

　이 사업은 사회 모두와 공유하는 모델을 만들겠다는 목적 하에 모든 서비스를 무료를 진행하고 있다. 무료로 물건들이 이동된다면, 새로운 유통 시장을 만들어 갈 수 있을 것으로 예상된다. 누구나 고객이 될 수 있고, 유통되는 물건 자체가 다양하고, 접근이 편리한 온라인을 통해서 서비스가 진행되기 때문에, 온라인 쇼핑을 즐기는 사람들이 이 서비스를 적극적으로 이용해 나갈 가능성이 높다. 또 하나의 장점으로는 물건의 성격과 종류의 따라서 다양한 고객들이 이 서비스를 이용할 수 있을 것으로 예상되어지고, 나눔과 기부에 관심이 많은 사람들의 참여가 활발할 것으로 보인다. 초기 수익성이 낮은 수익모델을 갖고 있음에도 이러한 물품의 공유와 관련된 기업들이 국내에도 많이 형성되고 있다.

　　2) 쉘리(Shally)

그림 27 국내 물건 공유 플랫폼 쉘리

　국내에서는 공유경제 시대에 발맞춰 개인 간에 물건을 서로 대여할 수 있는 공유 플랫폼 '쉘리'가 런칭하며 주목받고 있다. 쉘리는 '쉽고 안전한 대여 플랫폼'을 모토로 필요한 물건을 인근 지역에서 빌리는 한편, 자신이 가진 물건을 주변 이들에게 빌려주어 수익을 창출할 수 있는 서비스다.

　서비스는 크게 물건을 빌려주는 '주니'와 대여를 희망하는 '받니'로 나뉜다. '주니'는 물건을 대여히고자 하는 이로, 쉘리의 네이버 모두(modoo) 웹사이트를 통해 '남는 물건 빌려주고 수익내기' 카테고리에서 '대학교재' 또는 '기타물건' 중 하나를 선택해 정해진 양식에 제품을 등

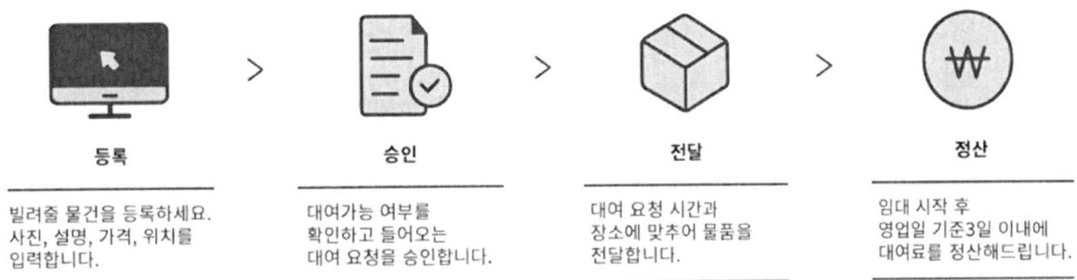

그림 28 쉘리의 운영 시스템

록하면 된다. 등록된 제품은 쉘리 스마트스토어에 게시돼 대여를 희망하는 이에게 노출되고, 주문이 접수되면 수수료를 제외한 대여료가 지급되는 방식이다.

'받니'는 쉘리 스마트스토어를 접속하여, 대여하고 싶은 물품의 정보를 확인할 수 있다. 대여하고 싶은 물품이 있다면 희망하는 대여 일자를 선택하고, 대여 및 반납방법, 대여기간 옵션 선택 후 결제 가능하다. 이 과정에서 쉘리의 안내에 따라 물건을 빌려주는 '주니'와 대여를 신청한 '받니'가 세부 사항을 협의한 후 최종 거래가 이뤄진다. 쉘리는 PC, 모바일에서 모두 사용 가능하다. 서비스에 대한 세부 정보는 쉘리 모두 사이트 또는 쉘리 네이버스토어에서 확인 가능하다.[56]

3) 열린 옷장(Open Closet)

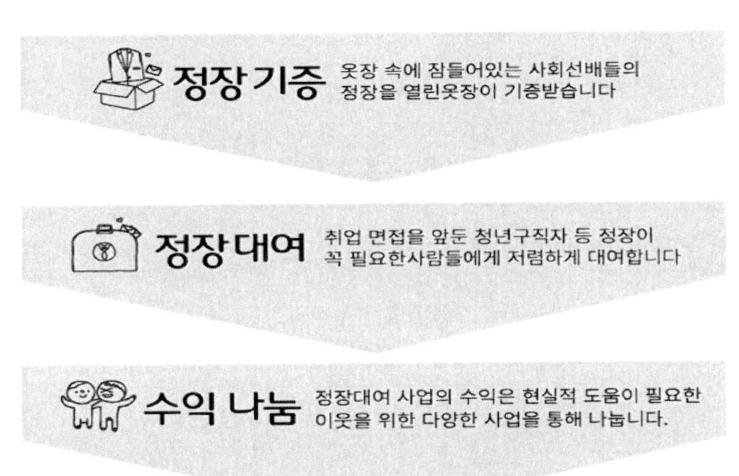

그림 29 열린 옷장(Open Closet) 운영 방식

---

56) 공유 플랫폼 '쉘리', 개인 간 물품 대여 서비스 제공. - 파이낸스투데이

열린옷장은 평범한 직장인들이 민간연구소인 '희망제작소'의 사회 혁신 아이디어 모임에서 만나 2012년 설립한 스타트업이다. 열린옷장은 "면접 보러 지방에서 오는 대학생들에게 내 정장을 빌려줬으면 좋겠다"는 말 한마디로 시작됐다. 이는 기성세대보다는 젊은 세대들을 주축으로 발전하고 있는데, 이는 젊은 세대들이 물품을 공유한다는 데 있어, 큰 거리낌이 없다는 것을 의미한다. 경제가 불황기에 접에 들면서 공유에 개념이 관심을 갖게 되었고, 저렴한 비용으로 생활할 수 있는 것을 찾게 되었다. 정장과 같이 일 년에 몇 번 입지 않는 옷에 대하여 굳이 소유해야 되는가에 대한 의문이 들기 시작하였고, 소유하는 것에 대한 부담을 크게 느낄 수 있는 젊은 계층들에게 이러한 사업은 인기를 얻게 되었다.

또한 이 기업은 비영리 단체로써 수익을 창출보다는 '나눔'의 개념을 중심으로 선순환을 목적으로 사업을 진행해 나간다. 열린 옷장에서 이용되는 모든 정장들은 청년들을 응원하기 위한 시민과 기업의 기부로 만들어졌고, 사회에서 기증 받은 정장과 와이셔츠를 대여해주고 얻은 수익을 다시 대학생 식비나 소외 어린이들의 지원에 쓴다. 열린 옷장에서 정장을 빌려 입고 난 후 취업에서 성공한 사람들은 또 다시 기증자가 되기도 하는 선순환 구조를 갖는다.

그림 30 열린 옷장(Open Closet) 이용 방식

이 기업의 운영방식은 이용자마다 옷장에 안 입는 정장들을 기증한다고 신청하면 키트 상자를 회사 측에서 보내준다. 그럼 기업은 이 옷들 중 사용할 수 없는 옷과 있는 옷을 분류하고 중요한 자리나 면접 등에 쓰일 수 있는 옷의 스타일도 분류한다. 그 후 걸러지는 옷들은 해외 단체나 업사이클링 단체에 기부하기도 한다. 또한 옷의 사이즈가 맞지 않거나 스타일이 트렌드와 맞지 않으면 수선을 진행하여 옷을 관리한다. 상의, 하의에 맞게 옷을 제공할 뿐 아니라, 넥타이, 벨트, 가방, 코트, 치마, 바지, 블라우스, 구두 등과 같은 악세사리들도 제공해준다.

---

57) 출처: 열린 옷장 홈페이지
58) 출처: 열린 옷장

열린 옷장은 비영리 단체이지만, 사업을 이끌어 나가고 기본적인 상품의 관리를 위해서 소정의 대여비 또는 이용비를 받는다. 일반적으로 3박4일을 기준으로 자켓의 경우 11,000원, 셔츠의 경우 5천원, 바지의 경우는 11,000원. 저렴한 가격으로 대여가 가능하다. 이는 한 벌의 정장을 관리, 보관하고 분실에 따른 손실을 처리하는 데는 부족한 금액이지만, 사회적인 가치를 추구하기 때문에 가능한 가격으로 책정했다.

이러한 정장들은 모두 기부에 의해서 제공되고 관리 되는데, 정장을 기부하는 사람들의 이야기에 관심을 갖고 그 이야기를 다시 그 정장을 빌리는 이용자에게 들려줌으로써 서로 간의 스토리를 만들어가는 형식의 유대감을 높이기도 한다.

또한 수익금의 전액을 환원하는 구조를 가진 열린 옷장은 지속 가능한 운영방식과 서비스 개선을 위해 사용되는 비용을 제외하고는 도움이 필요한 이웃 등에게 그 수익금을 사용한다. 식권을 지원하는 대학생 단체에 매달 100만원씩 기부하거나. 노숙인 재활 프로그램을 비롯해 국립재활원의 리마인드 웨딩에 웨딩정장과 부케 등을 후원한다.

열린옷장은 다른 부가적 활동으로 '열린 사진관' 운영하고 있다. 열린 사진관은 수익을 환원하기 위한 목적으로 목요일 마다 사진관을 열어서 청년들에게 증명사진 비용을 줄여주려고 노력하고 있다. 이는 홍대 '바라봄 사진관'이라는 비영리 단체와 미용실이 함께 협업을 통해 이루어지는데 일반적인 사진관에서 증명사진을 찍을 때 발생하는 비용에 비하면 훨씬 적은 비용인 5000원에 이용 가능하다.

한편, 열린옷장의 김 대표는 최근 코로나 팬데믹으로 인하여 기업 채용·면접이 무산돼 빌린 옷을 일찍 반납하러 오는 청년들을 안타깝게 지켜봐야 했던 경우가 적지 않았다고 언급했다.

김 대표는 "2020년 옷 대여 건수가 전년에 비해 30% 정도 줄었는데 코로나19 탓이 큰 것 같다"며 "옷을 빌리는 취업 준비생의 표정에서 절박함이 더 크게 느껴진다"고 말했다.

서울 광진구 지하철 건대입구역 인근에 위치한 열린옷장은 8년째 청년들에게 면접 정장을 빌려주고 있다. 정장 비용 부담을 덜어주고자 정한 4일간 3만 원의 대여비는 지난 2012년 오픈 이후 그대로다. 열린옷장에는 정장 3,000여 벌과 셔츠·구두 등 아이템 9,000여 점이 있는데 대여비가 저렴한 것은 이 옷들이 모두 기증품이기 때문이다. 지금껏 기증자는 7,000명, 대여 건수는 14만 건에 달한다.59)

4) 피카아트머니(PICA Art Money)

그림 32 미술품 공유 프로젝트 '피카아트머니'

한편, 물건 공유 플랫폼 중, 미술품 공유경제 플랫폼으로 떠오른 피카프로젝트도 눈여겨 볼만하다. 미술품 공유경제 플랫폼 전문기업 ㈜피카프로젝트는 미술품 시장의 대중화와 저변확대를 비롯해 불법복제 및 진위 문제 해결, 투명한 미술품 지분투자를 위한 '피카아트머니(PICA Art Money)'를 출시한다고 밝혔다. 코로나 19로 인하여 재테크 수요 트렌드는 변화되었다. 그동안 부동산 및 주식 시장에 집중되던 재테크 수요가 제로금리, 대체 투자처 발굴, 미술품 시장 온라인화 등으로 미술품 투자에 대해 관심이 높아진 상황이다. 이번에 선보이는 피카아트머니는 위/변조 방지, 미술품 공동구매 및 판매, 미술품 경매, 전시회 유료 티켓, 국내 작가 작품 해외 수출까지의 역할을 할 예정이다.

피카아트머니는 공공 거래 장부라고도 불리는 블록체인 형태의 암호화폐로 종이나 서류 형태의 보증서의 한계와 진위 여부를 판별할 수 없는 주관적 견해와 출처 등 미술계 미술품 거래의 한계점을 보다 안전한 거래 시스템인 블록체인기술을 도입해 중요 정보 영구 저장할 수 있다. 그리고 가상화폐로서의 역할뿐만 아니라 피카프로젝트의 다채로운 프로젝트 활동에도 참

---

59) [인터뷰] 김소령 열린옷장 대표 "정장 한 벌로 취준생도 '멋질 권리' 되찾기를". - 서울경제

여할 수 있다. 국내 최초 예술 암호 화폐를 사용해 미술품 거래가 가능하게 돼 이전과 전혀
다른 새로운 미술 시장 시대를 연 것이다.

피카프로젝트 송자호 대표는 피카아트머니의 "성공적인 상장과 더불어 피카프로젝트의 다채로
운 프로젝트 활동 역시 더욱 강화될 예정"이며, "미술품 경매 모바일 앱으로 낙찰 수수료를
과감히 없애는 등 차별화된 경매 시스템과 취약계층 미술 학도들에게 장학금 및 후원도 계획
중"이라고 말했다.60)

다. 지식의 공유

 앞서 언급한 장소의 공유나 물품의 공유와는 달리 무형의 대상 또한 공유경제 플랫폼에 포함
된다. 이러한 무형의 물품 중에서도 '지식'을 공유하는 플랫폼들이 생겨나고 있다. 지식의 공
유는 경험, 재능, 시간을 포함한 다양한 분야에서 이루어지는데, 이는 다른 분야에 비해 무형
의 공유가 이루어지므로 현행법의 제한을 덜 받는 특징이 있다. 지식 분야는 크게 지식/경험,
일, 식사, 여행을 주제로 분류할 수 있으며, 개인 간 거래의 방식으로 이루어지고 이 과정에서
거래 중개 플랫폼은 거래 중개 수수료를 통해 수익을 얻는다.

1) 코세라(COSERA)

 IT발달과 함께 공유경제의 유행에 따라서 지식 또한 무료로 공유하는 시대가 되었다. 대표적
인 개념에서 'MOOC'를 들 수 있다. MOOC는 '온라인 공개 수입(Massive Open Online
Course)'의 약자다. 보통 '무크'라고 읽는다. MOOC의 사전상 의미는 '대규모 사용자를 대상

---

60) 피카아트머니, 3대 블록체인 거래소 '코인원' 상장 -cctv 뉴스

으로 제공하는 온라인 공개 수업'이다. 일반적으로 대학 수업을 온라인으로 접속해 들으면서 동시에 무료로 들을 수 있는 강의를 MOOC라고 표현한다. 광범위하게는 테드(TED)같은 1회성 강의도 MOOC에 포함되고, 유료 강의도 역시 MOOC로 보기도 한다. MOOC는 2012년께부터 본격적인 관심을 받았으며, 최근엔 MOOC 플랫폼 수도 점점 늘어나면서 그 영향력이 확장되고 있다.61)

　그 중 대표적인 플랫폼으로 코세라(COSERA)에 대해서 알아보고자 한다. 코세라는 스탠포드대학 컴퓨터과학과 교수인 다프네 콜러와 엔드류 응이 2012년 설립했다. 코세라는 다양한 강의를 내세워 차별화를 꾀하고 있다. 2018년 6월 기준으로 누적 수강생은 3,300만 명이 넘었고, 강의 수도 2천개가 넘어섰다. 수업 과목은 컴퓨터과학 뿐만 아니라 과학, 예술, 인문, 비즈니스, 수학 등 다양하며, 대부분 무료로 들을 수 있다. 공동설립자인 엔듀류 응은 현재 코세라 경영진에서 물러나 중국 검색엔진 업체 바이두에서 최고 데이터과학자 역할을 맡고 있다. 코세라에선 이사회 임원으로만 남아 있다.62)

　이는 현 시대에 대학생들이 공부를 하고 싶지만 그 여력이 되지 못하는 학생들을 위해 교육 서비스를 제공하기 위해 만들어졌다. 현 코세라 설립자인 다프네 콜러 교수의 동료였던 앤드류 응 교수는 매년 개설하는 기계학습 강의를 누구나 들을 수 있게 개방하는 실험을 진행했다. 원래 기계학습 강의의 정원은 400명이었지만, 온라인 강의로 전환하며 10만 명의 수강생들에게 동시에 강의를 제공할 수 있었다. 이 과정을 통해 좋은 강의를 듣고 싶어 하는 사용자들의 수요를 확인했고, 곧바로 코세라를 만들었다. 2012년 코세라 웹사이트가 공개된 이후 단 3개월 만에 190개 국가에서 64만 명의 가입자를 유치했다. 이들이 첫 해에 수강 시청한 강의 수는 150만개, 영상은 1400만 번 재생됐다.

　코세라 강의의 분량은 짧게는 4-6주, 길게는 4-6개월 과정으로 구성된다. 과거에는 강의실에서 진행되는 강의를 녹화하는 경우가 많았지만, 최근엔 온라인용 강의를 별도로 제작해 올리는 경우도 많다. 짧은 과정의 강의는 대부분 자신이 원하는 시간에 강의를 시작하면서 자유롭게 들을 수 있다. 긴 과정의 강의는 특정 시간에 시작하고 끝내야 하는 강의가 대부분이며, 영상을 시청해야 할 기간과 과제 마감일이 따로 주어지기도 한다.

　온라인 강의는 많은 수강생이 들을 수 있도록 만들어지기도 하지만 교수의 수업 질을 높이기 위해서도 사용된다. 예를 들어 코세라는 영상이 끝날 때마다 내용을 요약하거나 핵심 개념에 대해서 단답형 질문이나 객관식 문제를 퀴즈로 낸다. 그 후 교수는 학생들이 무엇을 헷갈려 하는지 보다 정확히 알고 수업을 더 보강할 수 있을 것이다.63)

---

61) [네이버 지식백과] MOOC - 전세계 대학 수업을 온라인으로 듣다 (용어로 보는 IT)
62) 출처: 코세라 홈페이지
63) [네이버 지식백과] 코세라 [coursera] - 온라인 교육의 새로운 장을 열다 (용어로 보는 IT)

2) 탈잉·클래스101

그림 34 재능공유 플랫폼 '탈잉' 홈페이지

그림 35 재능공유 플랫폼 '클래스101' 홈페이지

국내에서는 재능 공유 플랫폼이 인기다. 재능 공유 플랫폼 '탈잉'과 '클래스101'에서는 누구나 자신이 가지고 있는 여러 가지 재능으로 온·오프라인 수업을 만들어 튜터가 될 수 있다. 플랫폼은 재능을 공유하는 사람과 재능을 사는 사람 간의 연결 수수료를 받아 수익을 창출하는 구조다.

대표적인 재능 공유 플랫폼 '크몽', '숨고'는 재능을 서비스 형태로 제공하여 사고 파는 마켓과 같다면, '탈잉'과 '클래스 101'은 재능을 온/오프라인 수업·강의 형태로 만들어 제공한다.

클래스101은 주로 다회차의 온라인 VOD 강의를 제공하는데, 분야는 커리어, 취미, 수익창출, 주식 투자 등 매우 다양하며 재능을 팔고자 하는 사람과 수익 배분 계약을 맺고 진행한다. 그 과정에서 단계별 심사가 이루어지는데 특히 회원들의 참여로 이루어지는 '수요 조사' 단계에서 일정 기준을 넘지 못하면 계약이 이루어질 수 없는 형태다. 계약이 이루어지면 클래스101 자체적으로 강의를 홍보해주고 계약의 형태에 따라서는 강의 제작에도 적극적으로 관여한다.

한편, 탈잉은 온/오프라인의 강의를 모두 제공한다. 오프라인의 경우, 원데이 클래스와 다회차 클래스로 선택할 수 있으며 재능을 팔고자 하는 사람이 직접 시간과 장소, 가격을 정하면 탈잉은 플랫폼에 개설된 강의를 노출시켜주고, 강의료의 일정부분을 수수료로 취득한다. 클래스101보다 진입 장벽이 낮은 편이라 재능을 팔고자 하는 사람들이 비교적 쉽게 접근할 수 있는 플랫폼이다. 그러나 '프로모션'부분에서는 관여하지 않기 때문에 판매자 자체적으로 홍보활동을 해야 한다.

최근 코로나 19로 인해 온라인 기반 교육 플랫폼이 주목을 받으면서 투자 자금도 몰리고 있다. 각자 자신의 재능을 콘텐츠로 내세워 수업을 개설할 수 있고, 수강생은 시간과 공간 제약없이 각종 취미와 직무능력을 키울 수 있는 등 쌍방향 교육 플랫폼이 생활속에 자리잡아가고 있기 때문이다. 실제 '포스트 코로나'와 맞물려 비대면 수업 생태계가 커지면서 최근 온라인 교육 플랫폼 업체들이 대형투자유치와 기업공개(IPO) 행보를 이어가고 있다.

관련 업계에 따르면 국내외 유명 벤처캐피털(VC)들이 클래스101과 탈잉에 대형 투자를 했다는 소식이 전해졌다. 클래스101은 120억 원 상당에 누적투자를 달성한 가운데 탈잉이 총 147억원 투자를 유치한 것으로 알려졌다. 이번에 탈잉이 진행한 '시리즈B(사업확장단계)' 투자 라운드에는 메가스터디, 엔베스터, 신한대체투자운용, DSC인베스트먼트, 신한벤처투자가 참여했다. 이에 따라 탈잉의 누적 투자유치 금액은 190억 원에 이른다.[64]

---

64) 클래스101, 탈잉 등 교육 플랫폼 '몸값' 고공행진. - 파이낸셜 뉴스

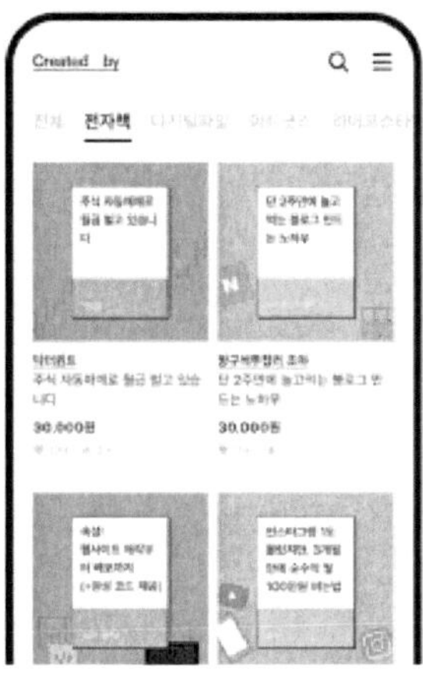

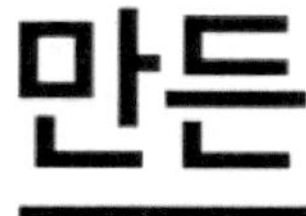

그림 36 [클래스 101] 크리에이티드 바이 서비스

클래스101은 온라인 VOD강의에 이어, 크리에이터 기반 커머스 서비스 '크리에이티드 바이 (Created by)'를 출시했다고 밝혔다.

'크리에이티드 바이'는 크리에이터가 클래스를 통해 지식을 공유하는 것에 추가적으로 직접 제작한 자료와 상품을 소비자에게 선보일 수 있는 새로운 채널이다. 또, 수강생들은 손쉽게 자신이 관심있는 크리에이터의 다채로운 창작물을 쉽게 구매하고 체험할 수 있어 쌍방향으로 확장된 경험이 가능한 서비스라고 할 수 있다.

'크리에이티드 바이'에서는 카테고리에 따라 새로운 지식 공유 매개체로 떠오르고 있는 전자책, 크리에이터의 작품으로 제작된 포스터와 스티커 등 아트 굿즈, 다운로드 하여 바로 사용 가능한 커스텀 브러시 및 도안 등의 디지털 파일, 운동도구부터 욕실용품까지 다양한 생활소품으로 구성된 라이프스타일 굿즈 등 크리에이터가 만든 모든 것을 만나볼 수 있다.

입점 자격은 클래스101의 모든 크리에이터에게 주어진다. 현재 클래스를 운영 중인 크리에이터는 물론 클래스를 운영 중이지 않아도 크리에이터로 가입한 이들 역시 입점 가능하다. 클래스101 홈페이지 내 '크리에이티드 바이' 카테고리에서 입점 정보를 제출하고 상품등록, 상품 판매 페이지 작성 등의 절차를 거치면 판매자로 등록할 수 있다.[65]

---

65) 클래스101 '크리에이티드 바이' 서비스 출시. - ZDnet Korea

3) 숨고·크몽

그림 37 재능공유 플랫폼 '숨고'

그림 38 재능공유 플랫폼 '크몽'

 다른 유형의 재능공유 플랫폼, '숨고'와 '크몽'을 비교해보면 먼저 숨고가 크몽보다 카테고리 수는 압도적으로 많은 편이다. 크몽은 카테고리가 16개에 세부 카테고리가 260개 정도로 나뉘어져있고, 숨고는 카테고리가 8개이지만 세부 카테고리는 몇 백개 정도로 분류된다. 또한 재능 판매자로 등록하는 진입장벽은 숨고가 더 낮은 편이다.

 그러나 카테고리 수가 많다고 해서, 진입장벽이 낮다고 해서 반드시 장점이 큰 것은 아니다. 사람마다 팔고자 하는 재능의 특징이 다르므로 비교 분석을 해보고 플랫폼을 잘 선택하는 것이 필요하다. 숨고와 크몽 모두, 자신의 재능을 서비스 형태로 가격을 책정하고 판매할 수 있다.

라. 공유모빌리티

구분	2017년	2019년	2020년(추정치)
결제 금액	110억 8,407만 원	189억 6,293만 원	230억 원 이상
결제 건수	64만 3,248건	112만 9,417건	204만건 이상

표 7 국내 공유모빌리티 서비스 성장세

공유모빌리티 서비스가 전성기를 맞았다. 현대카드가 발표한 공유모빌리티 서비스 결제 데이터 분석 결과에 따르면 지난 4년간 공유모빌리티 서비스 이용자는 꾸준히 늘어났다. 2017년 64만 3,248건에 불과했던 공유모빌리티 결제 건수는 2019년 112만 9,417건으로 76% 증가했다. 결제금액도 **2017년 110억 8,407만 원**에서 **2019년 189억 6,293만 원**으로 급증했다. **2020년**에는 코로나19 팬데믹으로 사용량이 감소할 것으로 전망됐으나 실제 결제 금액은 연말까지 **230억 원을 넘을 것**으로 예상된다. 우려와는 다르게 2017년 대비 결제 건수는 219%, 결제금액은 109% 증가한 것이다.

이와 같은 공유모빌리티의 성장세는 전통적인 '프라이빗 모빌리티(Private Mobility)' 개념을 뒤흔들고 있다. 본래 자동차는 자산의 개념이 강했다. 그러나, 공유를 통해 하나의 서비스로 자동차를 이용할 수 있게 되면서 자동차는 자산 이상의 가치를 가지게 됐다. 본격적인 변화는 누구나 면허 없이 자전거·킥보드를 이용할 수 있는 공유모빌리티 서비스가 확대된 것에서 시작됐다. 국내의 경우 지난 12월 10일부터 13세 이상이면 누구나 전동 킥보드를 탈 수 있게 돼 공유모빌리티 서비스 이용자가 급증할 것으로 전망됐다. 이러한 흐름은 이동수단이 소유하는 물건이 아닌 필요할 때마다 이용하는 선택적 서비스라는 인식을 확산시킬 것으로 보인다.

한편, 현대카드는 **공유킥보드 서비스**의 성장세에 주목했다. 2017년에는 결제가 없던 공유킥보드 서비스는 **2018년 1,288건, 2019년에는 15만 5,216건**으로 늘었다. **2020년에는 10월까지 62만 5,866건으로 급증해 연말까지 75만 건**을 넘길 것으로 예상됐다. 서비스 시작 3년 만에 600배 가까이 성장한 것이다. 국내 시장에서 공유킥보드 서비스 시작이 다른 공유모빌리티보다 늦은 점을 고려하면 빠르게 대중화되고 있음을 알 수 있다.

공유자동차 시장도 꾸준히 성장 중이다. 공유자동차 시장의 경우 **결제건수 증가율(46%)보다 결제금액 증가율(90%)**이 높다. 이는 공유자동차 서비스의 건당 이용금액이 늘어나고 있음을 뜻한다. 다른 공유모빌리티 서비스 대비 결제건수, 금액이 압도적으로 높은 점을 고려하면 공유자동차 서비스는 우리 사회에 안정적으로 뿌리내리고 있다고 볼 수 있다.[66]

---

66) 모빌리티, '소유'서 '공유'로 변화. - 글로벌에픽

1) 자동차

가) 우버(Uber)

어려운 경제 속에서 이제 막 일을 시작하는 사회 초년생들에게 고가의 차를 타고 다니는 것은 부담이 되었고, 이러한 차를 좀 더 저렴한 가격에 자신들이 원하는 목적지까지 가는 여러 가지 방법들이 생겨났다. 그 중 하나가 이 **카풀(Carpool)**이라는 개념이다. 카풀은 목적지가 동일하거나 같은 방향인 운전자들이 한 대의 승용차에 동승하여 통행하는 일을 말한다. 이 중 대표적인 플랫폼이 바로 우버(Uber)이다.

우버(Uber)는 2009년 개릿 캠프와 트래비스 캘러닉에 의해 UberCab이라는 이름으로 설립되었으며, 우버 서비스는 공식적으로 2009년 3월 미국 캘리포니아 주 샌프란시스코에서 출시됐다.

우버는 승객과 운전기사를 스마트폰 버튼 하나로 연결하는 기술 플랫폼이다. 플랫폼이라는 단어가 상징하듯 우버는 택시를 소유하지 않는 택시 서비스, 즉 운전기사 없는 운송 서비스다. 우버는 모바일 앱을 통해 승객과 운전기사를 연결해주는 '허브 역할'만 수행한다. 대신 모든 결제는 우버 앱을 통해서만 진행된다. 택시 요금으로 결제된 금액은 우버가 20% 내외 범위에서 수수료로 가져가고 나머지는 운전기사에게 배분한다. 그 덕에 고소득을 올리는 운전기사도 탄생하고 있다.[67] 이렇듯 차를 가진 모든 사람이 잉여시간에 택시기사 활동을 통해 특정 부가 수익을 올릴 수 있기 때문에 많은 사람들의 지속적인 참여가 발생하고 있다.

우버의 기본적인 서비스와 이용방식은 이러하다. 우버(Uber) 서비스는 이용자와 운전기사를 스마트폰 앱을 통해 연결해 주는 서비스로써 우버(Uber)는 앱을 통해 이용자와 운전기사를 연결해 주는 커넥터 역할을 하고 모든 이용 요금의 결제는 우버(Uber) 앱을 통해서만 가능하도록 한다.(가입 시 등록한 신용카드로 자동 결제) 또한 택시 요금으로 결제된 금액의 일정 부분은 우버(Uber)에서 수수료로 가져가며 나머지는 운전기사에게 배분하는 수익 구조를 갖는다.

하지만 이는 나라마다 달라질 수 있는데, 예컨대 일본의 Uber TaxiLux(하이야 택시)의 경우 예약금으로 500엔이라는 고정수수료를 받는다. 하지만 대부분의 도시에서는 모든 차량에 대해 수수료를 약 20% 내외로 책정하고 있고, 이후 우버(Uber) 운전자의 공급량 및 이용자 수요를 고려하여 도시별로 수수료를 다르게 책정하고 있다. 또한 새롭게 진출한 도시의 경우 운전자 수요를 빠르게 늘리기 위해 수수료를 20% 이하로 책정하지만 좀 더 자리를 잡은 도시에서는 25% 수준으로 인상하는 등의 정책을 펼치고 있다.

---

67) [네이버 지식백과] 우버 - 차량도 기사도 없는 택시 서비스 (용어로 보는 IT)

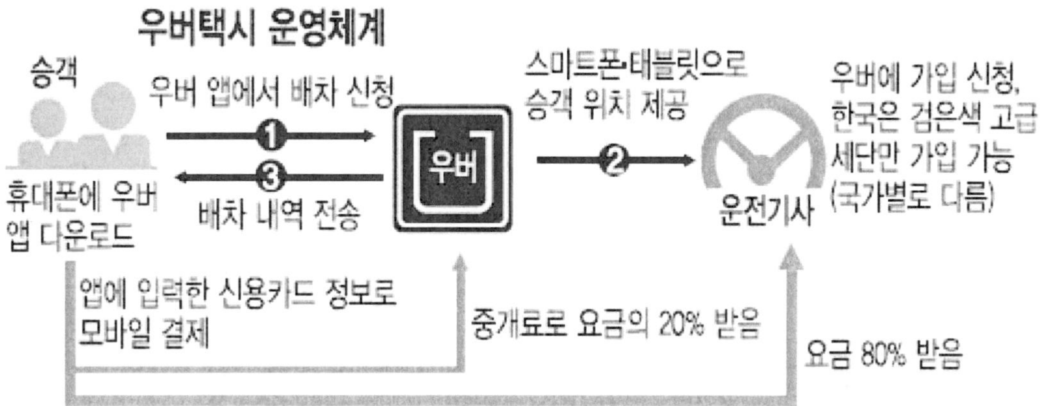

그림 39 우버택시 운영체계
68)

 이용방법 또한 간단한데, 우버(Uber) 이용자는 스마트폰에 우버(Uber) 앱을 설치한 후 자신의 이름 및 전자메일, 주소·신용카드 정보 등의 이용자의 기본정보를 입력한 뒤 스마트폰의 우버(Uber) 앱을 통해 이용자의 위치를 지정한다. 그 후 우버 앱으로 목적지 설정과 동시에 우버 앱으로 배차를 신청하게 된다. 그러면 해당 위치에서 우버(Uber)에 등록된 기사님에 대한 정보와 이동 소요시간 및 비용 등이 미리 제공 되어지고 우버에서 알려주는 장소가 우버에 기입된 차량에 탑승하는 형식이다. 요금은 앱에 이미 등록한 신용카드에서 자동 결제됨으로 굳이 거리에 따라 다시 돈을 낼 필요가 없다.

 이용 요금은 날씨와 시간, 요일에 따라 탄력적으로 책정하고 있어 주말이나 비가 오거나 눈이 오는 날에는 가격이 올라간다. 또, 수요와 공급량에 따라 이용 요금을 올리거나 내리는 시스템 활용을 활용하고 있어 기본적으로 거리에 따라서 요금이 측정되지만, 정해진 가격이 없어 수요가 적을 때는 보다 저렴한 가격에 이용이 가능하다.

 우버는 교통수단이라는 측면에서 일종의 콜택시 형태로 기존의 택시의 단점을 보완한 서비스를 제공하고 있다. 이는 최상급 차량으로 언제 어디서든 호출이 가능하고 질 좋은 서비스 및 투명한 이용 요금, 날씨와 요일 시간에 따라 탄력적인 요금을 책정함으로써 소비자의 선택의 폭을 향상시켜주었고, 글로벌 기업으로서 세계 어디서든 사용이 가능하다는 장점과 서비스에 대해 쌍방으로 평가하여 보다 나은 서비스를 제공할 수 있다는 특이점을 부여했다. 다음은 콜택시와 우버 서비스를 비교 분석한 표이다.

---

68) "결국 한국 법정 서게 된 '우버 서비스'- 국민 일보

구분	콜택시	우버(Uber)
이용 기반	전화 거는 방식	스마트폰 앱 이용 방식
이용 차량	일반 택시(모범택시 포함)	렌터카 업체, 일반 차량 및 일부 택시
결제 방법	현금 또는 카드	가입 당시 입력한 신용카드로 자동 결제
기타 사항	-운전자와 통화 가능 -운전자 휴대전화 번호, 차종 및 차량 번호를 문자로 제공	-운전자와 통화 가능 -운전자 정보 및 운전자 휴대전화번호제공 -차종 및 차량 번호, 차량 위치 소요 시간, 이동 경로 등을 앱에서 실시간 제공

표 8 콜택시와 우버(Uber) 서비스 비교
69)

다음은 우버 서비스를 여러 가지 측면에서 설명해보았다.

● 이용자(수요자) 측면

 먼저, 이용자 적인 측면에서는 주문형(On-Demand) 서비스가 가능한다는 것이다. 필요한 시간, 장소로 실시간 요청, 시간과 거리에 따른 요금 지불이 가능하고 투명성 부분에서도 지도상에서 차량 이동 경로 실시간 추적 및 기사의 신상과 차량번호 확인이 가능하다. 안정성과 관련하여 쌍방 평가를 통한 신뢰 확보, 기사 및 차량 정보 제공, 여정 공유로 안전성을 확보할 수 있다는 장점을 지닌다. 환경적인 측면에서도 환경오염 감소와 교통 체증 완화(1대의 우버(Uber) 차량이 약20대의 자가용 대체 가능)하고 편리한 부분에서 살펴봤을 때 24시간 시간과 장소에 구애받지 않고 호출 가능하다는 장점이 있다.

● 운전자(공급자) 측면

 운전자의 측면에서 보면, 경제활동 기회 부여 및 소득 향상(월급의 20~40%의 추가 수입 발생)을 기대할 수 있으며, 자율적이고 유연한 근무시간으로 여가 시간 증대, 삶의 질 향상이 발생하고 우버(Uber) 운전자들은 고객 평점(5점 만점)이 4.6점 이하로 떨어질 경우 자격 정지가 되어 향상된 택시 서비스를 제공할 수 있다. 또한, 우버(Uber)로 인해 향상된 교통 효율성은 수십 억 달러의 경제활동 향상에 기여하며 안전한 근무환경 제공과 쌍방 평가 제도를 통한 신뢰 및 권익 보호 장치 확보, 현금 거래가 없어 안전한 근무환경을 제공한다는 이점이 있다.

---

69) 강상욱 외2명, - <우버의 출현과 택시시장의 변화>

● 사업자(Uber) 측면

사업자의 입장에서는 차량 공급업자에게 운영 효율성을 개선할 수 있는 도구를 제공하고 GPS 기반 앱을 통해 고객과 가장 가까운 차량의 배차를 보장하여 시간비용을 절약하는 공유경제 모델로서, 낮은 활용도로 렌터카 차고에 주차되어 있는 고급세단의 유휴 자원 가동률을 높힐 수 있다는 장점이 있다. 또한 기사들의 비번 시간에 이용자(승객)연결을 통해 부가적인 수익 창출이 가능하며 수요가 높은 지역과 시간대를 미리 파악할 수 있도록 실시간 수요 예측 분석 결과를 제공함으로써 보다 효율적인 경제를 가능하게 한다.

● 사회적 측면

사회적 측면에서는 일부 논란이 제기되고 있긴 하지만, 우버(Uber) 서비스는 공유경제와 IT 기술을 앞세워 기존 택시시장과 차별화된 서비스를 제공하면서 일자리 창출에 기여하고 있으며, 그 외에 공유경제를 기반으로 교통체증 완화에 기여하고 있다.[70]

하지만 이러한 우버의 발전과 함께, 사회적으로 끼치는 부정적인 영향에 대해서도 많은 논란이 일었다.

● 소비자 편의 증대와 소비자의 보호 약화

모바일 및 인터넷 거래 환경을 통하여 거래 체결 과정에 소요되는 불필요한 시간과 노력을 줄일 수 있다는 점과 온라인 플랫폼을 통하여 수요자에게 정보를 공개함으로써 기존 서비스 제공자에게 치우쳐 있던 정보의 비대칭성을 완화하고, 정보의 투명성 및 서비스의 신뢰도를 증가할 수 있는 점은 소비자의 편의 증대 부분에서 봤을 때 이점으로 작용할 수 있다.

하지만 비전문가의 서비스 제공에 따른 전문적 대응 결여, 저급 서비스 및 불법행위·과실로 인한 피해자 발생 시 책임 소재가 모호해 질 수 있다. 비록 고난도의 전문성을 요구하지 않는 업종이라도 업종 특유의 기본 훈련이 부족하거나 체계적 매뉴얼이 숙지돼 있지 않으면 유사시 적절한 대응이 곤란하다.

이에 대해 방지책으로, 우버는 5분짜리 유튜브 동영상을 트레이닝 교재로 제공하고 있을 뿐이며, 택시와 같이 안전을 위한 의무휴식 기간 등이 없어 고객의 안전에 위협이 될 수 있다. 게다가 우버가 진출한 다수의 국가에서 승객이 사고로 상해를 입었을 때 보상할 수 있는 보험 가입이 어려우며, 우버는 이에 대해 책임을 지지 않고 있다.

---

70) 강상욱외, 2015.04 <우버의 출현과 택시시장의 변화>

- 서비스 제공자로써 노동 유연성과 노동 안정성

 이러한 측면에서도 논쟁거리는 발생한다. 전통적이고 획일적인 근무 형태에서 벗어나 노동자가 원하는 시간에 일할 수 있는 유연한 노동 형태로의 운영이 가능하다는 점은 이점으로 작용한다. 이로 인하여 유휴 노동시간과 유휴 자산을 활용하여 수익 창출의 기회가 확대되고 더 많은 고용 기회가 주어질 수 있다. 하지만 일시적 계약 위주의 고용 형태로 인하여, 전통적으로 노동자에게 제공되던 보장·복지 혜택을 받지 못하며 고용의 질 또한 하락할 수 있다.

- 자원 효율성 증대 및 환경 보존과 경제성장 저하

 불필요한 생산·소비·노동을 줄이고, 유휴 자산 활용 증가로 별도의 투자 없이 서비스 부족을 해결할 수 있다는 특징이 있다. 별도의 차량 생산이나 추가 호텔 건립 없이 기존의 자가용과 주거 공간으로 동일한 서비스를 제공할 수 있는 친환경 경제를 이끌어 갈 수 있고, 우버풀과 같이 소비자 이용내역 빅데이터를 분석하여, 소비자 편의를 제공하는 동시에 자원 사용을 최소화하는 서비스도 제공 가능하기 때문이다.

 하지만 생산 감소 및 고용의 질 저하는 소비 억제로 인한 전반적인 경제 성장 저하로 이어질 수도 있다는 관점도 있다. 불안정한 수입원, 노동시장의 기능 극대화로 인한 임금 저하 등으로 노동자의 수익 기반이 무너지면 곧 소비자도 무너지는 현상을 초래할 수 있으며, 우버화로 인해 자원 재활용 증가는 경제 성장의 인프라를 제공하던 소재·건설 등 전통산업의 위축으로 이어질 우려도 제기되고 있기 때문이다.

 한편, 국내에서는 세계 최대 차량공유업체 우버(Uber)와 티맵모빌리티(SK텔레콤 자회사)의 합작법인 '우티(UT)'가 출범한다는 소식이 전해졌다. 현재 국내 모빌리티 업계의 1인자 카카오모빌리티에 맞서는 최강자로 자리매김할 수 있을지 귀추가 주목되고 있다

 우티는 공식 출범식에서 톰 화이트 우버 한국 총괄이 우티 최고경영자(CEO)로 내정됐다고

밝혔다. 앞으로 모빌리티 시장에서 경쟁이 가장 치열할 것으로 꼽히는 곳은 택시 시장이다. 주요 격전지는 '가맹택시'와 '택시 중개업'으로 나뉜다.

가맹택시란 개인·법인 택시를 기반으로 운영되는 일종의 '브랜드 택시'다. 대표적으로 카카오 T블루, 타다라이트, 우버택시, 마카롱택시 등이 있다. 가맹 업체가 택시 서비스의 품질을 관리하고 그 대가로 택시에 일정 수수료를 떼가는 구조다.

우티는 합작법인 출범 전, **'우버택시'**를 정식 출시해 1분기 목표치로 잡았던 1000대를 2021년 3월 초 확보했다. 우티에서 운영하는 가맹택시 수는 지난 3월 31일 기준 1200여대다.

택시 중개업은 애플리케이션(앱)을 통한 호출 서비스를 가리킨다. 카카오의 호출 앱 '카카오 T'가 전체 시장의 80%를 차지하고 있어 빈틈을 찾기 쉽지 않을 것이라는 게 업계 관측이다. 그러나 우버와 SK텔레콤의 합작이라면 업계 내 시장을 공략해볼 법하다는 전망이다. 우티에서 가맹택시 확대와 맞물려 호출 서비스에서 대대적인 프로모션을 장기간 이끌어 간다면 카카오에 쏠린 이용자들을 충분히 끌어올 수 있지 않겠냐는 것이다.

우버-티맵 연합군은 우버택시, 우버블랙, 티맵택시 등 각사 호출 서비스를 하나로 합칠 계획이라고 밝혔다. 구체적인 방식, 일정은 아직 공개되지 않았지만 브랜드 파워가 있는 우버를 중심으로 결합하는 방안이 가장 유력한 것으로 알려졌다. 여기에 티맵모빌리티는 국내 1위 내비게이션 서비스 '티맵 지도'를 우티에 제공하는 것으로 전해졌다. 이 밖에 대리운전, 공유자전거, 전동킥보드 등 각종 모빌리티 사업에서 카카오모빌리티와 우티가 주도권 다툼을 할 것으로 보인다.[71]

나) 쏘카(SOCAR)

쏘카는 국내 렌트카 공유서비스 업체로써 스마트폰 애플리케이션을 통해 시간단위에 카쉐어링 서비스를 제공한다. 쏘카는 창업 당시 임직원이 10명 내외였으나 2021년 연말 기준으로 직원 수는 367명으로 늘었고 영업용 차량도 1만8천대로 급증했다. 쏘카는 지난 10여 년 동안 누적 가입자 수 750만 명이 이용하는 모빌리티 플랫폼으로 성장했다. 가구당 차량 보유대수가 가장 많은 제주도에서 시작한 쏘카는 2015년 전국 50개 이상 도시로 서비스를 확장했고, 현재 110개 도시에서 서비스가 이뤄지고 있다. 회원 수도 같은 기간 150만 명에서 750만 명으로 400% 증가하면서 국내 운전면허 보유자 4명 중 1명 수준으로 성장했다.

서비스 규모가 커지며 쏘카를 오래, 자주 타는 이용자들도 늘었다. 쏘카 차량을 100회 이상 운행한 회원은 약 2.7만명이었고, 가장 많이 운행한 회원은 누적 3천616건 차를 이용했다.

---

71) '모빌리티 大戰' 우버-티맵 동맹 '우티(UT)' 출격…카카오 아성에 도전. - 조선비즈

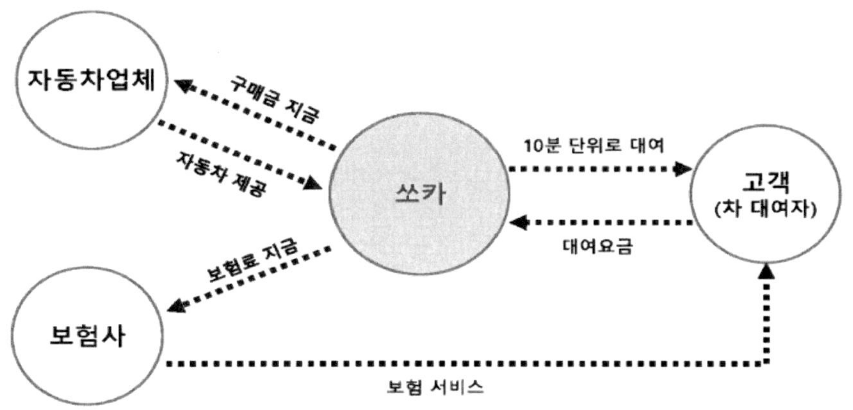

그림 41 쏘카의 비즈니스 모델

72)

쏘카는 자동차업체에게 구매금을 지급함으로써 자동차를 제공받고 보험료를 회사에 지급함으로써 보험사는 이를 이용하는 고객들에게 보험 서비스를 제공한다. 그리고 이러한 비용은 고객으로부터 10분 단위에 렌트 계약을 통해 충당하는 것이다.73)

쏘카의 이용방식은 대부분의 카쉐어링 이용방식과 동일하다. 이용요금은 대여료와 거리비례 요금, 보험료를 계산하여 측정되며, 편도의 형태로도 이용이 가능하다. 최소 30분부터 10분 단위로 짧은 시간동안에도 차를 렌트할 수 있으며, 별도의 연회비나 보험료가 없다. 주행요금은 차량마다 다른데, km 당 최소 70원인 전기 차부터 최대 310원인 내연기관차까지 다양하며, 이를 통해 수익을 창출된다.

그림 42 쏘카 이용방법

74)

그러나 쏘카는 이른바 '타다금지법'이라고 불리는 '개정 여객자동차 운수사업법'이 시행되면

---

72) '쏘카', 누적 다운 1천만 돌파...가입자 수 750만 - 지디넷코리아
73) 네이버 블로그 <사회적 경제 속 사회적 기업 엔터테이...>, 쏘카 - 나무위키
74) 출처 : 쏘카 홈페이지

서 한동안 혼란을 겪었다. 이 법은 타다와 같은 렌터카 기반 운송 서비스를 금지하되, '플랫폼 운송사업자'라는 새로운 형태의 서비스를 규정했다. 정부가 '제2의 타다'가 될 수 있다며 제도권 안으로 들어오라고 홍보한 것이 바로 이 플랫폼 운송사업자다. 타다금지법이 시행되는 날부터 플랫폼 운송사업자 신청을 받아 심사, 허가 등 서비스 개시 절차에 착수하는데 업계에서는 벌써 각종 규제 때문에 사업성이 떨어진다는 평가가 나온다.

타다금지법 관련 법령에 따르면 플랫폼 운송사업자는 택시 산업을 위한 일정 기여금을 내야 한다. 부담 방식은 세 가지 중에 하나를 선택하면 된다. ▲매출의 5%를 내거나 ▲운행 건당 800원 ▲혹은 허가받은 차량 당 월 40만원을 내는 것이다. 모빌리티 업체들은 지난해부터 과도한 부담이라고 호소했지만 정부는 택시 업계의 의견을 주로 반영해 이렇게 결정했다. 예컨대 모빌리티 회사들은 운행 횟 수당 300원이 적정하다고 주장했다.

다만 정부는 중소기업에 해당하면서 창업 7년 이내의 회사에 대해서는 허가 대수에 따라 부담을 줄여줬다. 허가 차량 총 300대 미만에 한해서다. 200대 이상 300대 미만이면 매출액의 2.5%를 기본으로 하되 운행 횟수당 400원 또는 허가 대수 당 매월 20만원 중 선택할 수 있도록 한 것이다. 100대 미만인 플랫폼 운송사업자는 2년간 기여금 납부를 유예 받을 수도 있다.

또 다른 문제는 정부가 과연 플랫폼 운송사업자에게 얼마나 많은 면허 대수를 줄 것인가에 대한 것이다. 정부는 일단 총량에 상한을 두지 않는다는 방향성은 설정했지만 기본적인 원칙은 전국 택시 공급을 고려하도록 돼 있다. 타다금지법은 플랫폼 운송사업자와 관련해 '여객 수요, 택시 감차 실적, 국민 편익 등을 고려해 총 허가대수를 관리할 수 있다'고 규정하고 있다.[75)]

그러나 쏘카는 2020년 '타다' 서비스 중단으로 인한 '타다 베이직' 중단에 따른 매출 감소, 차량 매각 등 예상치 못한 손실에도 불구하고 주력인 카셰어링 사업 매출 상승 및 수익성 개선에 힘입어 영업손실을 극복했다고 밝혔다. 쏘카는 2020년 매출 2597억원, 영업손실 264억원을 기록했다고 발표하며, 매출은 2019년(2566억원)와 비슷한 수준을 기록했고, 영업손실은 716억원에서 63.2% 감소했다고 덧붙였다.

카셰어링 사업 매출은 2020년 1850억원에서 2062억원으로 11.4% 확대됐다. 쏘카는 운영 효율성 제고, 상품 다양화 등이 수익성 개선으로 이어졌다고 설명했다. 구독 상품인 **'쏘카패스'** 누적 가입은 40만건을 돌파해 매출이 전년 대비 2.7배 증가했다. 한 달 이상 장기 대여 상품인 '쏘카 플랜'은 2019년 말 출시 이후 누적 계약 건수 6000건을 기록했다.

또한 2020년 10월 선보인 가맹택시 사업 **'타다 라이트'**가 빠르게 성장할 것으로 기대하고 있다. '타다 베이직' 중단 이후 선보인 '타다 라이트'는 승객 중심의 서비스 차별화, 드라이비 운수사 수익 확대를 통한 상생협력 등을 앞세워 사업을 확장하고 있다. 이 밖에도 쏘카는 대

---

75) 타다금지법 오늘부터 시행…국토부 말처럼 '제2의 타다' 나올 수 있을까. - 조선비즈

리운전 사업인 '타다 대리', 모바일 비대면 중고차 판매 플랫폼 '캐스팅' 등이 신성장 동력이 될 것으로 기대하고 있다.[76]

그림 43 쏘카의 가맹택시 사업 '타다 라이트'

2) 자전거

가) 시장규모

전 세계적으로 '마이크로 모빌리티 시장'이 성장세를 띄고 있다. 마이크로 모빌리티란 지하철이나 버스와 같은 대중교통 수단을 이용한 이후나 교통 체증이 심할 때 단거리를 이용할 수 있는 교통수단을 말하며, 대표적인 예로는 전동킥보드, 전기자전거, 전동휠 등을 꼽을 수 있다.

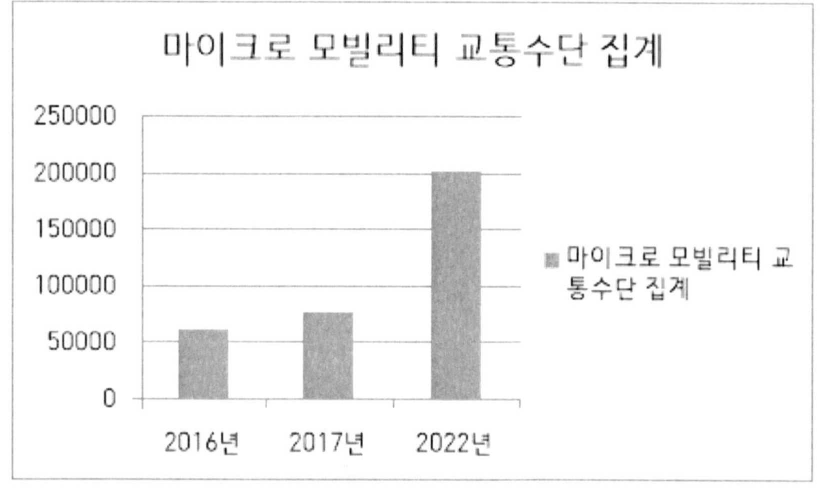

그림 44 국내 마이크로 모빌리티 시징의 성상세

---

76) '타다' 멈춘 쏘카, 지난해 영업손실 63% 줄였다. - 파이낸셜뉴스

여기에 마이크로 모빌리티 시장이 공유 시장과 더불어 급성장하고 있다는 점에서도 긍정적이다. 한국교통안전연구원에 따르면, 국내 마이크로 모빌리티 교통 수단은 2016년 약 6만대, 2017년 약 7만5000대를 기록했지만, 오는 2022년에는 20만대 이상으로 확대될 전망이다. 이 중 가격이 저렴하고 공유 모델이 성장 중인 전동킥보드 시장의 비중이 급속도로 확대되고 있는 중이다.

한편 전 세계적으로 공유 자전거 시장도 성장세를 띄고 있다. 시장조사업체 스타티스타(Statista)는 글로벌 자전거 공유시장 규모가 2019년 26억달러(약 2조9000억원)에서 2026년 138억달러(약 15조4000억원)로 연평균 27.1%씩 성장할 것으로 예상했다. 아시아에서 대표적인 시장은 중국으로, 중국산업연구원 기준 2015년 3000만위안(약 51억원)에 불과했던 공유자전거 시장은 2019년 1억6000만위안(약 273억원)으로 연 평균 55.6% 성장했을 것으로 추산된다.

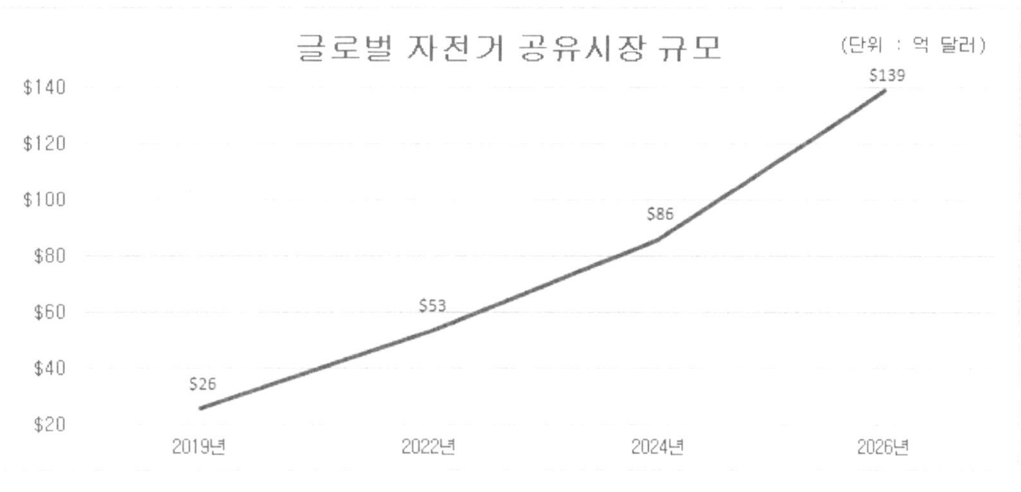

그림 45 글로벌 자전거 공유시장의 성장세

이에 대하여 관련업계 전문가는 "마이크로 모빌리티 시장은 기존 택시 업계와의 마찰이 발생하는 공유 차량 서비스와 달리 마찰 사안이 적다"며 "그렇다보니 사업 진행이 상대적으로 빠른 편"이라고 말했다. 이어 "서울시의 공유자전거인 따릉이 등 공유자전거 서비스도 자전거 업체에 긍정적"이라고 덧붙였다.[77]

---

77) '뜨는' 스쿠터·자전거에 '달리는' 자전거주. - 대한경제

나) 국내 공유자전거 업계

그림 46 카카오모빌리티 공유자전거 '카카오T바이크'

공유 킥보드, 공유 자전거 등 공유 모빌리티 서비스 시장이 확대되고 있는 가운데 공유 자전거 서비스인 **'카카오 T 바이크'가 부산에서 서비스**를 시작했다. 카카오 T 바이크는 2019년 3월 경기도 성남시, 인천 연수구에서 1000대 규모로 첫 시범서비스를 시작했다. 2023년 현재는 특별시 2곳, 광역시 6개, 도 8곳 포함하면 전국 60개 지역에서 총 1만대 규모로 운영되고 있다.

카카오모빌리티는 '카카오 T 바이크' 서비스 지역을 **부산을 비롯한 광주, 대전 등 광역시로 확대할 예정이라고 밝혔다.** 서비스는 2021년 3월 10일 대구에서 시작되었으며, 4월 21일에는 부산에서 서비스를 시작했다. 5월에는 광주와 대전에서도 서비스를 시작한다는 방침이다.

한편, 카카오 T 바이크는 전기 모터를 탑재한 PAS(Pedal Assist System) 방식의 자전거를 제공한다. 사용자 경험 확장을 위해 2022년 2월부터 추가된 일반 자전거는 무게가 기존의 전기자전거보다는 가볍지만, 서울의 따릉이 등에 비해서는 여전히 무거운데다 변속기가 따로 장착되지 않아 비교적 힘이 들어가는 단점을 가지고 있다. 카카오 T 바이크 이용료는 기본 1500원(15분 기준)이며, 이후 1분마다 100원이 추가된다.[78]

KT가 옴니시스템과 수원시 **공유자전거 서비스 '타조(TAZO)'**를 시작한다는 소식을 전했다. 타조 서비스를 위해 KT와 수원시, 옴니시스템은 2020년 2월말 사업 협력을 체결하고, 6개월간 준비를 했다. KT는 서비스 플랫폼과 스마트 잠금상치, 무선통신 부분을 담당하고, 옴니시스템

---

78) 공유자전거 '카카오T 바이크' 부산 진출⋯해운대 광안리 등 운영. - 부산일보

그림 47 KT 공유자전거 서비스 '타조(TAZO)'

은 자전거 운용, 타조 애플리케이션(앱), 서비스 운영을 맡기로 했다. 수원시는 공유자전거 인프라 및 행정지원을 담당했다.

KT와 옴니시스템은 수원 시민들 누구나 쉽게 공유자전거를 이용할 수 있도록 타조 운영 플랫폼에 무선통신과 GPS 등에 기반을 둔 사물인터넷(IoT)를 적용했다. 스마트폰에 타조 앱을

가입한 뒤 본인인증과 카드등록을 하고, 자전거에 부착된 QR코드를 스마트폰 카메라로 읽히면 편리하게 자전거를 빌리거나 반납할 수 있다.[79]

한편, KT는 경기도 고양시에서도 '타조(TAZO)' 서비스를 운영한다고 밝혔다. KT는 옴니시스템과 함께 공유자전거 400대를 주엽역, 정발산역, 마두역 등 지하철역과 대중교통이 불편한 덕양구 향동동, 일산동구 식사지구 등 신규 택지지구에 우선 배치해 2021년 4월11일까지 무료 시범서비스를 제공한다고 덧붙였다.

4월12일부터는 자전거 1000대를 배치한 후 유료 서비스로 전환하며, 타조 이용료는 1회 20분 당 800원으로 이후 매 10분마다 200원씩 추가된다. 이용자가 한 달 동안 횟수 제한 없이 탈 수 있는 이용권은 1만원이다. 고양시는 시민들의 녹색 교통 이용을 지원하고자 타조 앱 서비스 다운로드 후 이용하는 시민들을 대상으로 자전거 이용 활성화 쿠폰 등을 제공한다.

KT AI/DX플랫폼사업본부장(상무)은 "KT 그린바이크 쉐어링 플랫폼을 수원시에 이어 고양시에도 제공하게 됐다"며 "KT는 디지털 플랫폼 기업(디지코)로서 검증된 플랫폼을 활용한 다양한 모빌리티 공유 서비스의 제공으로 디지털 전환과 서비스 혁신에 기여하도록 노력하겠다"고 말했다.[80]

---

79) 공유자전거 서비스 나선 KT...옴니시스템과 수원시서 서비스. - 뉴스핌
80) KT, 고양시 공유자전거 타조(TAZO) 운영.- 이데일리

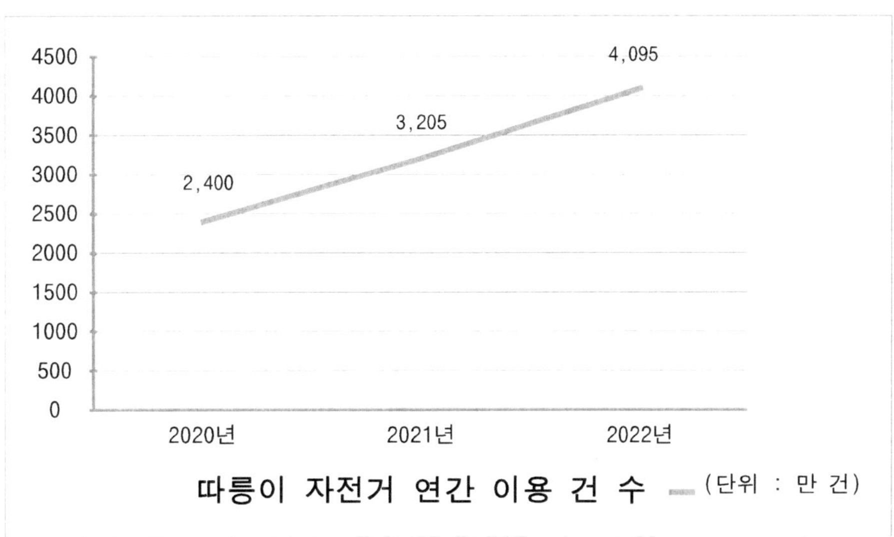

그림 48 서울시 공공자전거 '따릉이' 이용건 수 추이

서울시에 따르면 2022년 서울시 공공자전거 '따릉이'의 연간 이용 건수는 코로나 팬데믹을 거치며 급증해, 4,095만명을 기록했다고 밝혔다. 2021년 3,205만건 대비 27.7% 증가하고, 최초 시범운영 20만건(2011년 기준) 대비 204배나 증가했다. 한동안 주춤하던 자전거 수요는 코로나19 사태가 시작되면서 증가했다.

 그러나 서울시 공공자전거의 이용자 수가 급등하면서 국내 자전거 상위 업체 '삼천리자전거', '알톤스포츠' 등은 오히려 성장세가 꺾인 것으로 알려졌다. 코로나19에 따른 사회적 거리두기로 자전거 사용자 수는 계속 늘어나고 있는데 수요의 많은 부분을 공공자전거가 흡수하고 있기 때문이다. 따릉이의 경우 제로페이 등과 결합해 할인 혜택을 주고 품질 역시 계속 개선되면서 자전거 구매 수요를 대여 수요로 상당 부분 대체하고 있다. 특히 청소년, 어르신 등 체구가 작은 사람들도 편리하게 이용할 수 있도록 크기와 무게를 줄인 새로운 새싹 따릉이는 이용 가능 연령이 기존 15세 이상에서 13세 이상으로 낮아지면서 학생용 시장까지 공공자전거가 영역을 확대하고 있다.

 윤종장 서울시 도시교통실장은 "코로나 팬데믹을 거치며 시민들이 따릉이를 점차 단거리 교통수단으로 이용하고 있다"며" 앞으로도 교통 수요를 분산해 교통체증 완화, 친환경 교통수단으로 온실가스 감축 효과가 있는 공공자전거 따릉이를 더욱 활성화 하겠다"고 밝혔다.
.81)

---

81) 따릉이 누적 이용 1억4천 건 돌파…"지구~달 510회 왕복" - 뉴시스

3) 전동 킥보드

가) 시장규모

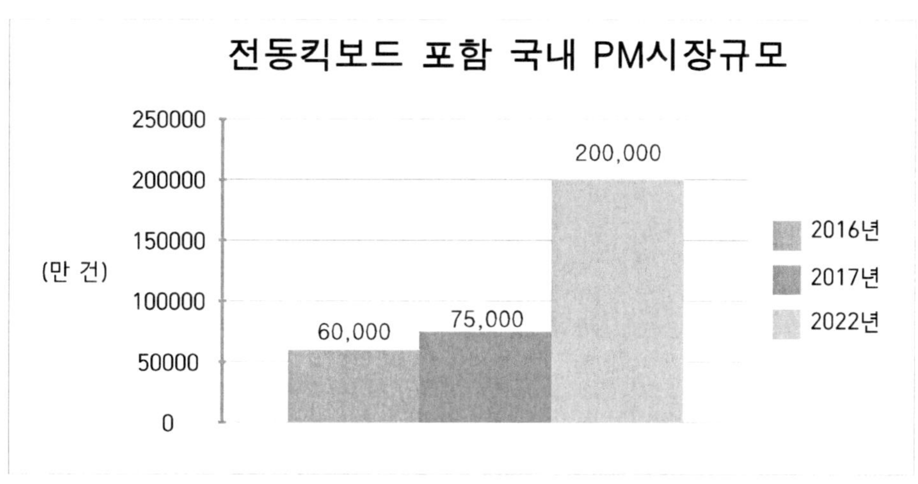

그림 49 전동킥보드 포함 국내 PM시장규모

공유 모빌리티 시장의 성장과 더불어, 공유 킥보드 시장의 성장세가 도드라졌다. 실제로, 한국
교통연구원 자료에 따르면 전동킥보드를 포함한 국내 PM 시장 규모는 2016년 6만대, 2017년
7만5000대, 2022년 20만대 이상 기록하며 빠르게 성장하고 있다. 코리아스타트업포럼 전동
킥보드협의회(SPMA)는 2021년 3월 기준 13개 회원사의 전동킥보드 운영 대수가 9만1028대
로 2019년 12월 1만7130대 대비 5배 이상 증가하였다.[82]

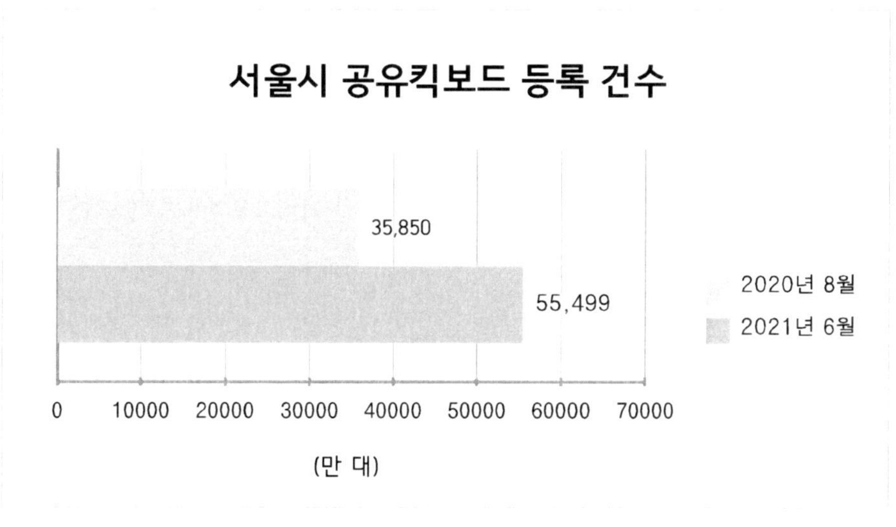

그림 50 서울시 공유 킥보드 등록 건수

---

82) [기획] "속도 낮추고, 규제 풀고"… 유럽·일본 선진 시장 '주목' -매일일보

또한 서울시에 따르면 서울에 등록된 공유 킥보드는 2020년 8월 기준 3만5850대다. 2021년 6월 기준 총 5만5499대였는데, 10개월 만에 2배 이상으로 늘어난 것이다. 업계 관계자는 "이 동수단에 대한 인식변화에 따라 공유 모빌리티 시장은 더 확대될 것"이라고 말했다.

　　　나) 국내 공유킥보드 업계

　공유 킥보드 시장 태동기에는 주로 스타트업들이 관련 시장에 진출했다. 킥고잉과 씽씽, 라임, 빔, 고고씽, 플라워로드, 디어, 스윙, 일레클, 윈드 등 10여 개 업체가 국내 공유 킥보드 시장을 놓고 경쟁하고 있다.

그림 51 킥고잉

　대표적인 공유 킥보드 업체 킥고잉은 2018년 9월 출시되어, '발로 땅을 차서(KICK), 가속 레버를 눌러 이동(GOING)'하라는 뜻을 가지면서, 힘들이지 않고 계속 주행할 수 있다는 'Keep Going'이라는 의미를 갖는다. 킥고잉의 킥보드는 민트색을 하고 있는데, 이산화탄소 배출이 없는 친환경 교통 수단임을 강조하기 위해 '에코민트색'이라고 칭한다.
킥고잉을 운영하는 올룰로는 최근 네이버와 '이동에 즐거움을 더하는 서비스' 개발을 공동으로 추진하기 위해 전략적 사업제휴를 체결했다고 전했다. 이번 사업 제휴를 통해 양사는 네이버 인증서를 통한 본인인증 서비스와 네이버 모바일 운전면허증 인증 서비스 도입을 위해 협력한다. 향후 이용자는 킥고잉 회원가입 절차에서 네이버 인증서를 활용해 더욱 쉽고 빠르게 서비스를 이용할 수 있고, 모바일 신분증을 통한 인증도 가능할 전망이다. 또한 향후 네이버 모바일 학생증을 킥고잉 앱에 도입해 대학생 라이더에게 킥고잉 대학생 전용 요금제 등의 다양한 혜택을 제공할 계획이다. 이외에도 네이버 길 찾기, 네이버 예약 등 네이버의 다양한 O2O서비스와 연계방안을 모색하고 전용 혜택 및 상품 개발을 위해 사업제휴, 마케팅 등 다양한 협력을 진행할 계획이라고 덧붙였다.

　한편 '씽씽'은 (주)피유엠피에서 운영하는 공유 전동킥보드 서비스이며, 독일에서 주행테스트를 통과한 '배터리 교체형 2세대 모델'을 도입해 운영중이다. 2019년 5월 강남에서 시범운영을 시작했고, 7월부터 정식 런칭하였다. 2019년 9월 정부의 국가통합인증마크(KC인증)을 획득한 뒤 운행중인 모든 공유 전동킥보드에 KC마크를 부착했다. 공유킥보드에서 중요한 배터리 안전성 확보를 위해 업계 처음으로 배터리 국산화를 주도했다. 이후 교체형 배터리 안착과 배터리 방수 등급 상향, 킥보드 블랙박스 탑재와 AI 적용, 첨단 운영관리 프로그램 개발 및 도

그림 52 씽씽

입 등 소프트웨어, 하드웨어 기술 강화를 위해 힘써왔다.

 또한 씽씽은 서비스 출시 4년 만에 서울과 수도권을 포함한 7대 광역시에 모두 진출했다. 현재 서울 13개 자치구와 경기, 인천, 강원(춘천, 원주, 강릉, 속초, 삼척, 고성)과 대전, 대구, 부산, 울산, 광주, 충남 천안, 충북 청주, 경남 거제, 경북(경주, 포항, 경산), 경남(진주, 진해), 전북(전주, 익산, 정읍, 부안, 완주) 등에서 운영 중이다.[83]

그림 53 현대자동차

 대기업들도 공유 킥보드 업체에 '러브콜'을 보내고 있다. 현대자동차는 2019년 킥고잉에 투자를 단행했다. 현대차는 또 같은 해 제주도에서 개방형 라스트 마일(Last Mile) 모빌리티 플랫폼 '제트(ZET)'를 자체적으로 구축하고 전동 킥보드 30대와 전기자전거 80대를 투입해 공유 모빌리티 서비스를 제공하기 시작했다.[84]

 라스트마일 모빌리티는 전동킥보드, 자전거 공유 서비스와 같이 주로 1인용 이동수단을 이용해 이동 서비스를 제공하는 것으로, 차량 공유와는 달리 일정 지역, 수 킬로미터(km) 내에서 서비스되는 것이 일반적이다. 또한 교통이 혼잡하거나 버스나 전철 등 대중교통수단이 닿지 않는 단거리 이동 서비스로, 빠르고 간편하게 이동 할 수 있다는 장점이 있다.

---

83) 공유 전동킥보드 시장, 새해에도 킥고잉·라임·씽씽 3파전. - 시사포커스
84) 공유 모빌리티, 코로나시대 '비대면 이동수단' 각광… 국내 시장규모 3년새 3배 커져. - 문화일보

시범 서비스는 현대차가 서비스 플랫폼을 구축하고 이를 이용해 복수의 서비스 운영회사가 이용자에게 서비스를 제공하는 개방형 구조로 이뤄진다. 현대차의 라스트마일 솔루션은 사용자 앱, 고속 사물인터넷(IoT) 모듈을 활용한 관리시스템 제공을 통해 운영사의 비용 저감과 효율성 증대를 꾀하면서 헬멧 비치, 보험서비스, 속도 제한 기술 등을 지원해 안전한 서비스 운영을 가능하게 하는 것이 핵심이다.

현대차는 이번 개방형 라스트마일 모빌리티 시범사업을 통해 다양한 이해 관계자들과의 긴밀한 네트워크를 확보하고 이를 통해 얻은 연구 결과를 기반으로 더욱 고도화된 모빌리티 솔루션을 개발할 방침이라고 밝혔다. 또 이번 시범사업 시작과 함께 각 지역의 공유 기기 공급을 지속적으로 확대하면서 서울·대전 등 일부 지역으로 서비스 제공 지역도 대폭 늘려갈 계획이라고 덧붙였다.[85]

그림 54 네이버

네이버도 전동킥보드, 전기자전거와 같은 개인형 이동수단(PM, Personal Mobility) 시장에 뛰어든다는 소식을 전했다. 네이버는 산업통상자원부의 '퍼스널 모빌리티 플랫폼 핵심 기술개발 및 실증사업'에 자회사 네이버클라우드가 컨소시엄 형태로 참여한다고 밝혔다. 산업부가 추진하는 이 실증사업은 연구기관과 대학을 비롯해 기술 개발 및 서비스를 담당할 PM 스타트업과 소프트웨어(SW) 업체 등이 참여하는 컨소시엄이 기차·버스 같은 광역이동 수단과 전동킥보드·전기자전거 같은 PM을 연계하기 위한 통합 플랫폼을 구축하는 내용을 담고 있다. 총 5년 동안 252억원의 정부지원연구개발비가 투입된다.

네이버클라우드는 이 컨소시엄에서 SW 개발업체에 네이버 클라우드 플랫폼을 제공한다. 지금까지 전동킥보드를 중심으로 한 PM 시장은 개별 스타트업들이 각자 앱으로 서비스를 제공하는 형태였다면, 컨소시엄이 구축할 통합 플랫폼에선 네이버 클라우드 기반으로 사용자들이 각종 이동수단을 구독 서비스 형태로 이용할 수 있을 전망이다. 네이버는 업체별 구독서비스를 향후 네이버 앱을 통해 통합 제공할 계획에 대해 "협의 중"이라고 밝혔다.[86]

---

85) 현대차, 개방형 라스트마일 모빌리티 플랫폼 '제트' 구축 완료. - 신아일보
86) 네이버도 공유킥보드 시장 진출한다…산업부 실증사업 참여. - 이데일리

V. 공유경제 시장

5. 공유경제 시장

가. 공유경제 시장 규모 및 현황

1) 해외

1인 가구 증가, 합리적 소비 확산 등으로 인해 소비의 방식(패러다임)이 '소유'에서 '공유'로 전환되며 공유경제가 활성화되고 있다. 최근 이동통신(모바일) 기반의 개인간 실시간 거래환경이 조성되면서 교통·숙박 등 다양한 분야에서 혁신적인 개인간(P2P) 공유경제 모델이 확산되고 있다.

빈 방을 이용한 숙박서비스로 공급자-수요자를 연결하는 '에어비앤비' 플랫폼은 세계적으로 이미 자리를 잡은 공유경제의 본보기이다. 교통분야에서도 '우버' 등이 세계적으로 유명한 공유 플랫폼 서비스로 각광받고 있다.

공유경제가 기존의 소유경제와 차별화되는 점은 구매를 포기한 고객군을 끌어들이고 유휴자원을 통해 다중의 시장 참여를 독려, 결과적으로 시장 전체 파이를 키울 수 있다는 점이다. 순다라라잔 뉴욕대 스턴경영대학원 교수는 "공유경제로 인해 개인 간 거래가 활성화되면서 노동과 자본을 효율적으로 쓸 수 있게 됐다. 소비자와 판매자의 경계가 무너진 게 핵심"이라고 설명했다. 그동안 활용되지 못했던 빈방, 자동차 등을 다른 사람과 공유하면서 가치를 생산하고 효율성이 높아진다는 의미다. 노인, 비취업자, 주부 등 비경제 계층의 시장 참여율도 높일 수 있다. 더불어 생산된 제품의 활용도를 극대화할 수 있어 자원 낭비가 줄어들고, 소비자가 다른 사람의 물건을 공유함으로써 아낀 돈만큼 새로운 소비를 할 수 있다는 장점도 있다.[87]

공유경제는 단순한 소비 변화를 넘어 혁신성장을 이끌 새로운 서비스 사업 방식으로, 공유경제 활성화를 통해 기대되는 효과는 크게 세 가지로 나눠볼 수 있다.

첫째, 기존에 거래되지 않던 남는(유휴) 자원의 거래가 일어나고, 이로 인해 새로운 서비스 시장 관련 일자리를 만들고 경제·사회의 효율성을 높일 수 있다는 점이다. 혁신적 서비스를 선도적으로 제공한 해외 공유경제 플랫폼 기업은 세계적 거대기업으로 빠르게 성장하는 중이다. 두 번째는 저렴하고 편리하게 소비자가 원하는 자산·서비스를 제공해 소비자(국민)의 만족도를 높이고, 후생을 증진하는 점이다. 세 번째는 저소득층, 청년, 노인 등이 탄력적으로 서비스 공급자로 참여할 수 있는 점이다. 사회적 배려 계층의 소득증대와 안정화에 기여한다.[88]

그렇다면 이러한 공유경제가 전 세계적으로 얼마만큼의 규모를 갖고 있는지에 대해 알아보자.

---

87) 매경이코노미 "[cover story 3]21세기...
88) 대한민국정책브리핑-공유경제.. - 문화체육관광부

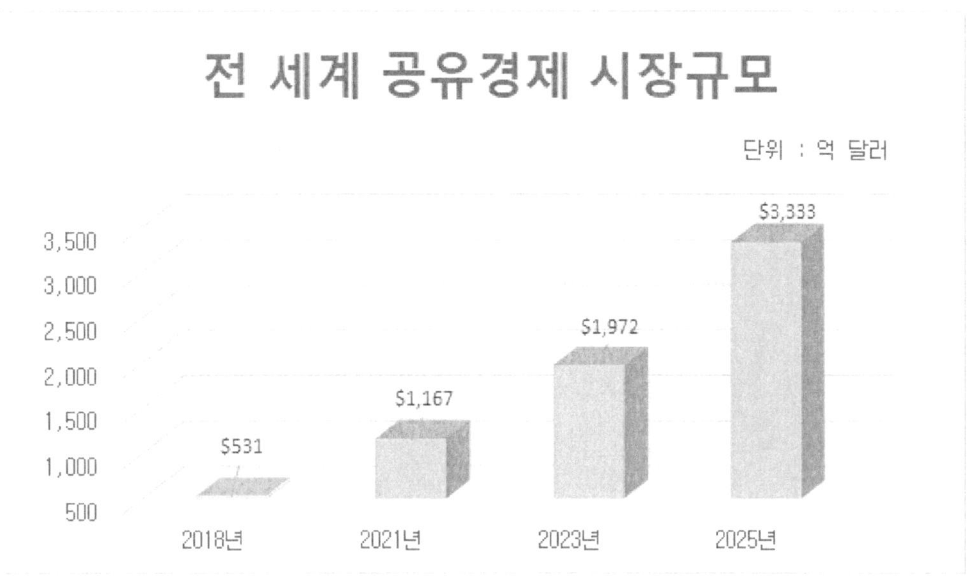

공유경제는 전 세계의 시대적 흐름이다. 세계 공유경제 시장(기업매출 기준)은 미주, 유럽을 중심으로 급성장해 **2017년 186억 달러에서 2022년 402억 달러**로 확대될 전망이다. 한편, PwC는 공유경제 시장 규모가 2014년 150억 달러에서 2025년 3,350억 달러로 성장할 것으로 전망했다.

순위	기업	분야	기업가치
1	우버	교통	1,000억달러
2	디디추싱	교통	690억달러
3	에어비앤비	숙박	500억달러
6	위워크	공간	470억달러

표 9 2023년도 전세계 상위 10개 유니콘 기업 중 공유경제기업

2023년 기준 전 세계 상위 10개 유니콘 기업 중 다수의 공유경제기업이 순위권에 오르기도 했다. 1위는 교통 분야의 '우버'가 1,000억 달러를 기록하며 선점했고, 뒤를 이어 디디추싱이 690억 달러를 기록, 숙박공간을 공유하는 '에어비앤비'는 500억 달러를 기록했으며, 세계적인 공유 오피스 기업 '위워크'는 470억달러를 기록하며 6위에 올랐다.[89]

한편 미국은 세계 공유경제 시장 중 가장 활성화되어 있으며, 세계시장 규모의 60%를 차지하는 것으로 나타난다. 미국의 공유경제 서비스는 2008년 에어비앤비 등장 이후 다양한 분야로 확장되었으며 공유경제 플랫폼 기업은 세계 공유경제 시장을 주도하고 있다. 이러한 배경에는 미국 금융위기 이후 노동시장 불안과 경기 악화 지속 등이 있는데, 이 때문에 미국의 공유경제는 합리적인 소비문화로 정착하며 점차 확산되었다. 미국 인구 50% 이상을 차지하는 도시 거주자는 활발한 커뮤니티, 편의, 공동생활을 선호하며, 개인 선호도 변화는 교통, 부동산, 유통 시장 등 미국 거시시장에 영향을 미치고 있다.

---

89) 대한민국정책브리핑-공유경제. : 문화체육관광부

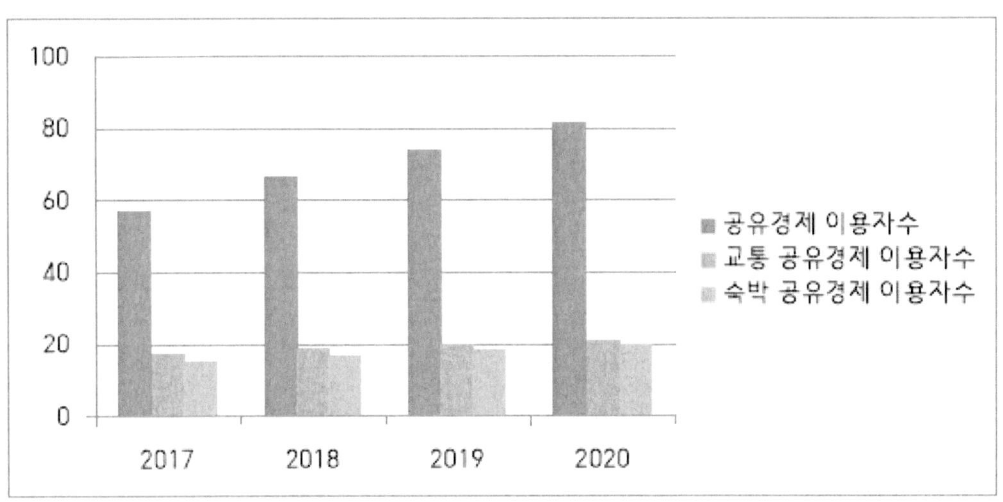

그림 57 미국 공유경제 이용자수 추이(단위: 백 만명)

미국은 유통업계의 전반적 불황에 이용고객이 감소하면서 사용하지 않는 시설이나 물품 등을 공유경제를 통해 이익을 창출하고 있다. 호텔과 레스토랑, 바 등은 낮 시간에 이용되지 않는 다이닝 홀이나 코트체크 공간, 화장실을 애플리케이션을 통해 공유하면서 수익을 벌어들이고 있다.

시장조사기관 Pew Research Center에 따르면, 미국 성인 72%가 공유경제 서비스를 이용한 경험이 있는 것으로 나타났으며, 시장조사기관 Penn Scheon Berlan에 따르면, 미국 성인 22%가 차량공유, 숙박공유, 서비스공유 등 공유경제 서비스를 최소 한번 이상 제공한 경험이 있다고 답변했다. 또한 시장조사기관 Steinmetz에 따르면, 미국 내 공유경제 서비스 공급 참여 인구는 주택 수리 및 이사 서비스(11%), 차량공유(10%), 숙박공유(9%), 음식배달(7%) 순으로 균등하게 분포되어있는 것으로 나타났다.

그러나 이러한 공유경제 확산에 따라 기존 경제주체들과 갈등도 고조되고 있으며, 이에 따라 연방정부 차원에서 공유경제 관련 논의를 활발하게 진행하고 있다. 미국 연방정부 차원에서는 명확한 정책적 가이드라인을 제시하기보다 공유경제 특성과 문제에 대한 의견 수렴을 위한 기회를 마련하고 있으며, 자치정부 차원에서는 기존 산업과 공평한 경제 환경 조성을 위한 규제 정책을 추진하고 있다.[90]

---

90) 『미국 공유경제 서비스 동향 및 시사점』 -. 한국무역협회 뉴욕지부

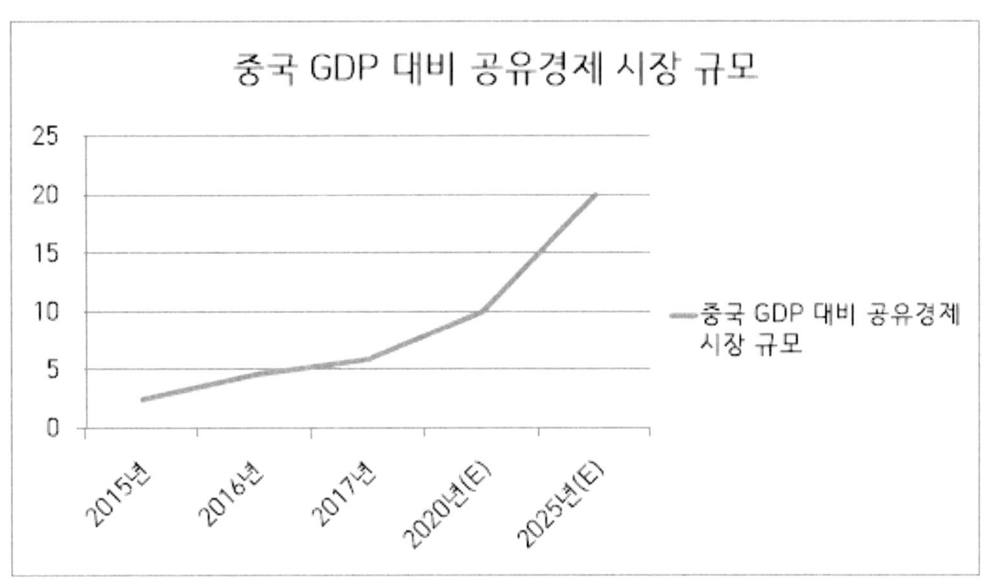

그림 58 중국 공유경제 시장규모(단위: %)

중국은 공유경제 시장에 후발주자로 출발했지만 발전속도는 독보적이다. 중국 국가정보센터가 발표한 '공유경제 발전 연도보고서'에 따르면 중국의 공유경제 규모는 2015년 1조9500억위안에서 2017년 4조9250억위안으로 2년 새 252% 급증했다. 이에 중국 국가정보센터는 공유경제가 매년 40% 성장해 2020년까지 GDP의 10%, 2025년에는 20% 규모로 늘어날 것이라고 전망했다.

한편 고용창출 효과도 클 것으로 전망했는데, 중국의 공유경제 서비스 종사자 수는 7000만명, 공유경제 플랫폼 기업 직원 수는 716만명으로 14억 인구의 5%에게 일자리를 제공한다. 대표 기업은 중국판 우버로 불리는 '디디추싱'이다. 2012년 출범한 디디추싱은 우버처럼 모바일 앱(애플리케이션)을 기반으로 택시호출은 물론 개인차량·버스·자전거까지 공유할 수 있도록 한 모빌리티 플랫폼이다.

미국 시장조사기관 CB인사이트는 디디추싱의 기업가치를 560억 달러로 추산한 바 있으며, 우버에 이은 2위 유니콘(기업가치 10억달러 이상 비상장사) 기업으로 평가하기도 했다. 이외에도 2022년 기준 중국의 유니콘 기업 301개사 중 15개사가 다양한 공유경제 기업으로 분류되었다.

이 같은 발전 배경에는 중국 정부의 집중적인 육성과 이에 따른 규제완화 정책이 있다. 대외경제정책연구원은 '국제사회 공유경제 추진현황과 시사점'이란 보고서에서 "중국 정부는 신산업분야 규제에서 '선 관망, 후 조치' 기조를 유지한다"고 평가했다. 일단 규제 없이 지켜보다 특정 이슈나 갈등이 심화하면 감독을 시행하는 방식이다. 정부의 지원선언이 '선 관망, 후 조치' 형태의 규제 완화로 구체화되는 셈이다.[91]

---

91) '공유경제' 질주하는 中, 가로막힌 韓. - 머니투데이

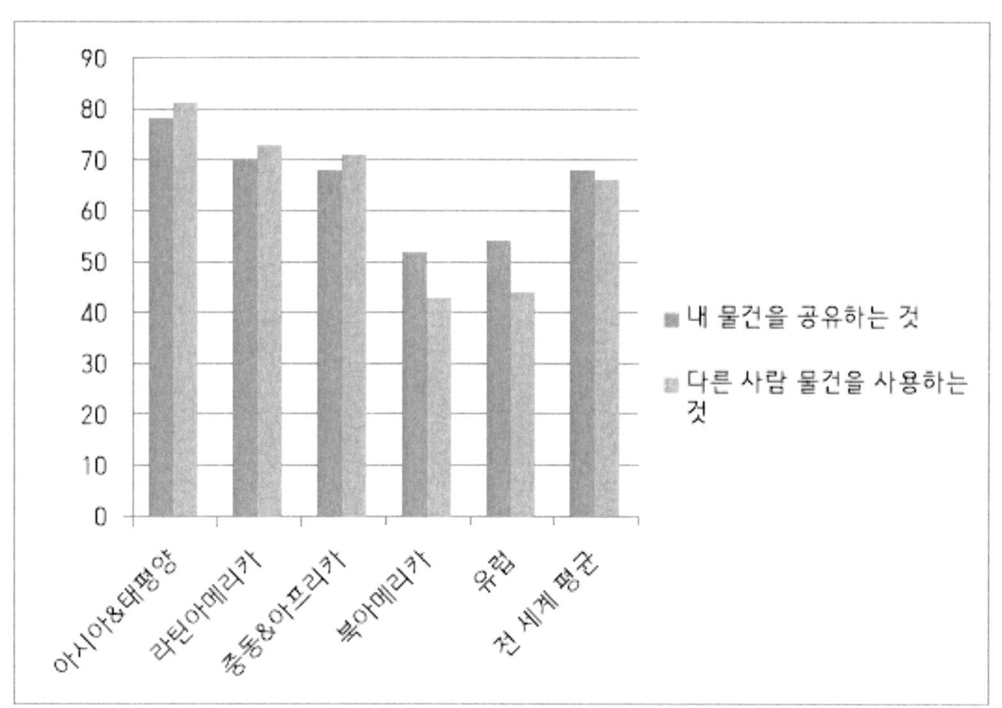

그림 59 공유 커뮤니티 참여 의향 여부(단위: %)
(출처: Statista, The Rise of Sharing Economy, 2014)

그렇다면 전 세계 사람들은 공유경제에 대해 어떤 인식을 가지고 있을까. 미국 전문 리서치 기관인 Statista에서 전 세계 사람들을 대상으로 '특정 물품을 공유하는 것에 대해 참여할 의향이 있는지'에 대해 조사했다.

'자신이 소유한 물건을 공유하는 것'에 대해 아시아-태평양 78%, 라틴아메리카 70%, 중동-아프리카 68%, 북아메리카 52%, 유럽 54%가 참여 의향을 보였으며, 그리고 전 세계 평균은 68%으로 나타났다. 반대로 '다른 사람의 물건을 공유하여 본인이 사용하는 것'은 아시아-태평양 81%, 라틴아메리카 73%, 중동-아프리카 71%, 북아메리카 43%, 유럽 44%가 긍정적으로 응답하였으며, 전 세계 평균은 66%였다. 이러한 결과로 미루어보아 '전 세계의 절반 이상의 사람들은 다른 사람의 물건을 공유하여 본인이 사용할 의향이 있다'는 사실을 알 수 있다.[92]

2) 국내

KT 경제경영연구소가 추산한 2020년 국내 렌탈 시장 규모는 40조억 원, 2016년의 25조 9000억과 비교해 큰 성장을 보였다. 이에 그치지 않고 연구소는 2025년 시장 규모가 100조 억 원까지 커질 것으로 내다봤으며, 국내 공유경제 시장을 크게 차량 렌탈, 산업기계 및 장비 렌탈, 개인 및 가정용품 렌탈로 구분했을 때, 특히 차량 렌탈 고객의 증가 및 친환경 웰빙 생활제품의 렌탈 수요 증가가 큰 폭 상승할 것으로 예상하였다.

---

92) 소유의 시대가 가고, 공유의 시대가 왔다! 공유경제는 전 세계 혁신의 트렌드!, - 통계청

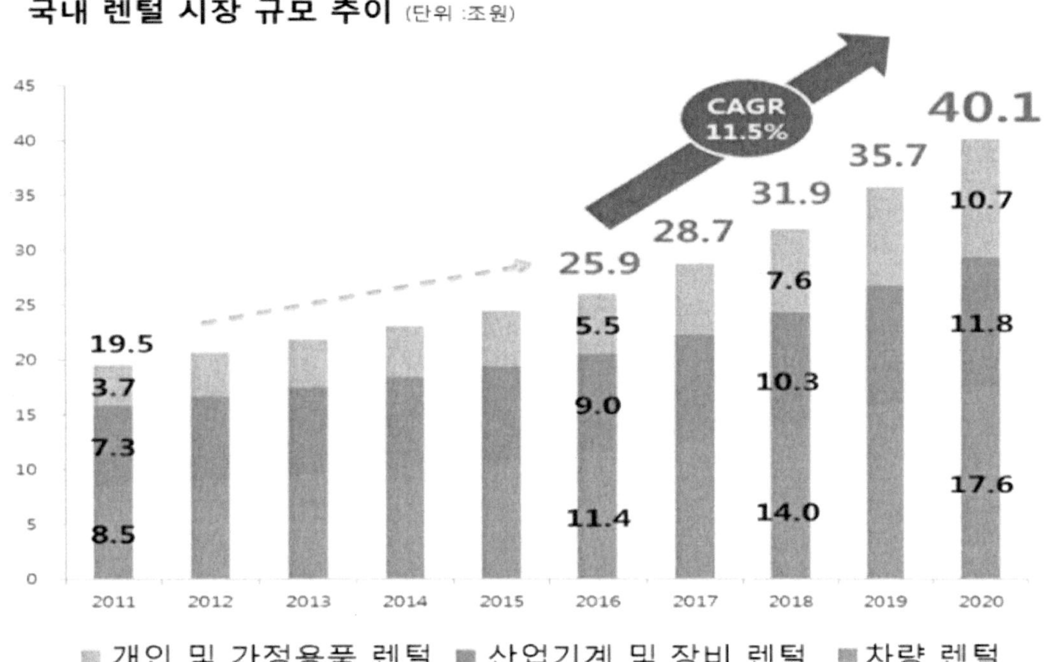

그림 60 국내 렌털 시장 규모 추이
[93]

현재 국내 렌털 서비스 시장에서 가장 큰 비중을 차지하는 건 역시 렌터카, 카셰어링, 리스를 포함한 **차량 렌털**이다. 실제로 렌터카 시장의 경우 렌터카 등록 대수가 2022년 3월 기준 101만 5386대로, 2021년 3월 기준 93만 8479대에 비해 8만대 가까이 늘었으며 공유경제의 등장과 함께 카쉐어링 업계의 성장도 늘었다.

우리나라 자동차 **리스 시장 규모**는 지난 2001년 1622억 원에 불과했지만, 지난 2021년에는 13조8484억 원으로 급속도로 성장했다.[94] 실제 한국렌탈협회의 자료에 따르면 총 2만3918개 렌탈업체 중 자동차·레저 관련 업체는 8200여개로 1위를 차지했다. 뒤이어 헬스의료기기(5699개), 행사 관련 렌탈(3532개) 등이 집계됐다.

자동차의 경우 장기 렌탈과 리스를 넘어서 필요할 때 잠깐 쓰고 반납하는 **카셰어링 서비스**로 확대됐다. 국내 카셰어링 대표업체인 그린카와 쏘카는 눈부신 성장세를 보이고 있다.

---

93) 출처 KT 경제 연구소
94) "자동차를 왜 사?"…'13조' 리스 시장, 렌트와 다른 점은? - 한경금융

SOCAR

쏘카의 경우 지난 2012년 3000명에서 시작했던 회원수가 850만 명으로 늘었으며, 매출액도 3억 원에서 1214억 원으로 크게 늘어났다. 향후 자율 주행차, 커넥티드카가 본격화되면 차량 공유에 대한 수요가 더 증가할 것으로 예상되어 2025년 17조 6000억 원 까지 시장 규모가 커질 것이라는 전망을 내놓았다.

이후, 쏘카는 2022년 매출 3,976억 원, 영업이익 94억원을 기록했다고 밝혔다. 전년보다 매출은 37.6% 늘고, 영업이익은 흑자전환 된 결과를 가져왔다. 쏘카 관계자는 "신종 코로나바이러스 감염증(코로나19) 확산에 따라 이동 수요가 급감하고 여객운수법 개정으로 2020년 4월 '타다 베이직' 서비스를 중단하는 등 악재가 겹쳤지만 실적 개선에 성공했다"고 설명했다.

주력 사업인 카셰어링 사업 매출은 2021년 2,890억 원에서 2022년 3,976억 원으로 37.6% 늘었다. 구독상품인 '쏘카패스'는 누적 가입이 40만 건을 돌파하며 1년 새 매출이 2.7배 이상 증가했다. 1달 이상 장기 대여 상품인 '쏘카 플랜'도 지난 2019년 말 출시 이후 누적 계약건 수 6,000건을 기록했다.[95]

이동을 새로 그리다
Greencar

그린카의 차량 보유 대수는 2011년 110대에 불과했지만 2013년 1000대, 2015년 3200대로 지속적으로 증가했다. 차고지 역시 같은 기간 50개, 700개, 1882개, 2500개로 늘어났다.[96] 그린카가 2021 KCAB 한국소비자 평가 최고의 브랜드 대상에서 카셰어링 부문 대상을 수상했

---

95) 쏘카, 카셰어링 성장 힘입어 영업손실폭 63% 줄여. - 서울경제
96) 출처: 김태환, INVEST "[공유경제와 소비...]"

다고 밝혔다. 2011년 10월 국내 최초로 카셰어링 서비스를 시작한 이래 고객 이용 편의성 향상과 가격 경쟁력 확보 등의 경영 성과를 보여 왔다는 점에서 높은 평가를 받았다.

그린카는 2022년 12월 기준 전국 147개 지역 3200여 그린존(차고지) 거점에서 1만1,000여 대의 차량으로 서비스를 제공하고 있다. 또한, 소형, 승합, SUV에 이르기까지 업계 최다 49 종의 차종을 보유하고 있으며 총 5종 1786대의 친환경 차량을 운영하고 있다. 2021년 3월 기준 그린카의 개인 회원 수는 350만명, 법인형 카셰어링 가입 기업은 1만개를 돌파했다.[97]

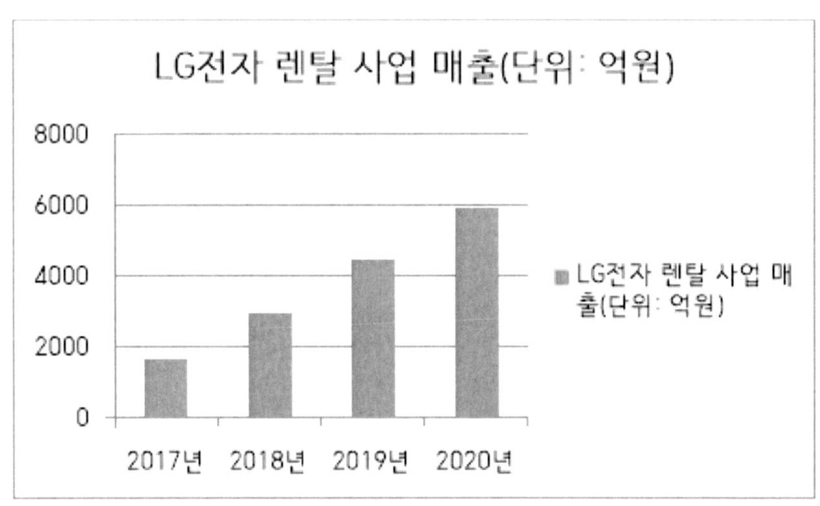

그림 63 LG전자 렌탈 사업 매출

한편, 국내 렌탈시장이 급속도로 성장하면서 삼성과 LG에서 각축전을 벌이고 있다. LG전자는 직접 렌탈사업을 꾸려나가고 있으며, 삼성전자는 다양한 렌탈사업자와 업무협약을 통해 렌탈용 가전을 공급하고 있다.

삼성전자는 최근 렌탈업계 상위권 업체인 SK매직과 전략적 업무협약(MOU)을 체결했다고 밝혔다. 이번 업무협약으로 삼성전자는 SK매직을 통해 렌탈 서비스에 적극 대응이 가능해졌으며 SK매직도 그동안 라인업에 포함돼있지 않았던 의류건조기 등의 대형 제품 라인업을 강화할 수 있게 됐다. 두 회사는 SK매직의 렌탈 서비스를 결합한 상품도 출시할 예정이다.

렌탈 업계에서도 삼성전자가 직접 시장에 뛰어드는 것은 쉽지 않을 것으로 보고 있다. 기존 렌탈업체들과의 협업이 무너지는 것은 물론이고 제품 관리를 위해 특수고용직에 해당하는 대규모 방문관리 인력을 채용해야 하는 점이 가장 큰 걸림돌로 꼽힌다.

한편 2009년 렌탈시장에 뛰어든 LG전자는 매년 폭발적인 성장세를 보이고 있다. 2015년 1000억원에 불과했던 렌탈사업 매출액은 2021년 6,155억원, 2022년에는 8,600억원으로 늘어났다. LG전자는 후발주자로 뛰어들었으나 2020년 말 기준 렌탈시장 1위인 고웨이(계정 수 634만개)에 이어 가장 많은 계정 수를 보유하고 있다. 2019년말 204만 계정에서 2020년말에

---

97) 그린카, '한국소비자 평가 최고의 브랜드' 카셰어링 부문 대상. - 뉴시스

는 270만 계정으로 증가했으며 2021년 300만 계정도 무난히 달성할 것으로 예상된다.

　현재 LG전자는 정수기 외에도 안마의자, 스타일러, 식기세척기, 맥주제조기 등 8종의 제품에 대해 렌탈 서비스를 제공 중이다. 특히 LG전자는 케어솔루션 서비스로 렌탈사업에서 차별화를 꾀하고 있다. 케어솔루션은 매니저가 정기적으로 가전제품의 핵심 부품을 교체해주고 위생·제품 성능을 유지해주는 서비스다. 또한 렌탈사업과 케어솔루션 서비스를 강화하기 위해 렌탈케어링 사업 담당을 사업센터로 격상했으며 최근에는 케어솔루션 전담 자회사 '하이케어솔루션'을 설립했다.[98]

나. 공유경제에 대한 논쟁과 법적 규제

　이러한 공유경제의 급속한 발달과 함께, 문제점들도 나타나고 있다. 이러한 문제점들에 대해서 정부는 복잡하게 얽혀 있는 이해 당사자들끼리 마땅한 합의 결과를 도출해 내지 못하는 경우가 많다. 그런 이유 중 하나는 공유경제 사업에 대한 적합한 법적 규제가 부족하기 때문이다. 우후죽순으로 생겨나고 있는 공유경제 플랫폼들은 개인들의 필요와 자유에 의해서 형성되다보니, 법적 규제를 고려하지 않고 관련 사업에 피해를 주는 경우가 있다. 이번 장에서는 그러한 공유경제 플랫폼과 관련하여 국가별로 어떠한 규제들과 한계점들이 있는지에 대해서 알아보고자 한다.

1) 공유경제에 대한 분야별 논점

　공유경제에 대한 나라별 법적 규제·대체 방안에 대해 알아보기에 앞서 공유경제와 관련된 논쟁을 알아보고자 한다. 공유경제가 확산됨에 따라, 발생하는 문제 및 우려 사항 또한 다양하게 나타나고 있다. 공유경제는 많은 분야를 포함하고 있어, 재화나 서비스에 따라, 나라별 국가제도에 따라 규제 혹은 시장 활성화와 관련한 쟁점들이 서로 다르게 나타나곤 한다.
　따라서 이 모두를 포괄하는 쟁점사항을 도출하기는 힘들지만, 유휴자산의 접근성을 공유하고 플랫폼을 기반으로 서로의 재화를 나눈다는 점에 있어서는 같은 특징을 갖고 있다. 이러한 점을 고려해 볼 때 크게 4가지의 쟁점으로 나눌 수 있다.

　첫째, 관련 유휴자산의 사용에 대한 기존 법적 규제와의 충돌 및 법적 공백문제 등이 주요 쟁점으로 제기된다. 명목상 모든 잉여자산 및 서비스가 공유될 수 있다는 점에서 분야별로 차이점을 있을 수 있으나, 일부 자산 및 서비스의 제공과 관련하여 시장 진입요건이 엄격하게 적용되는 경우가 있으며, 그렇지 않은 경우도 있다. 법적 해석에 따라 이에 대한 공유경제 영업을 하는데 있어 문제가 발생할 수 있다.
　에클 들어, 에어비엔비와 같은 숙박 공유 플랫폼은 유사한 형태로써 민박이나 호텔 등의 숙

---

98) 삼성·LG '40조' 렌탈 시장을 잡아라. - 뉴스웨이

박업제도가 존재하고, 우버 서비스의 경우에는 택시와 사실상 유사한 서비스를 제공하기 때문에 우선적으로 이들 분야의 법제도를 따르게 된다. 그러나 택시 업계의 경우 호텔 등의 숙박 분야에 비해 상대적으로 엄격한 시장 진입요건을 갖게 되고 우버 서비스는 시장에 진입하기 어려운 경우가 많다. 이처럼, 특정 산업에 대해서는 엄격하고 유사한 공유경제 사업에 대해서는 법적 규제가 애매하거나 법적 공백이 존재하는 경우 시장에서의 차별을 유발한다는 논쟁이 있다.

둘째, 공유경제의 성장과 관련하여 가장 큰 논쟁거리는 기존 산업과의 마찰 문제이다. 공유경제는 기존의 유휴자산을 공유하는 것이기 때문에 이미 유사한 제품이나 서비스를 공급하는 업체들에게 사업 성장을 저해시킬 수 있다. 예를 들어 대표적인 숙박 공유 업체인 에어비엔비의 경우 기존 호텔업의 객실수입 감소에 영향을 주었고, 더 나아가 규제의 미비 또는 공백으로 인해 기존 사업자들에게는 적용되고 있는 규제가 공유경제 분야에 동일하게 적용되지 않는 경우도 많기 때문이다. 이러한 경우 기존 업체들의 반발은 커질 수 밖에 없다.

예컨대, 일반 숙박업소의 경우 소방법 등의 규제에 따라 소화시설, 위생, 안전시설 등에 대한 높은 수준의 기본 요건을 충족하여야 하나, 에어비앤비의 호스트들은 숙박업소로 등록되지 않은 경우가 많음으로 이러한 규제를 피하는 경우가 있어, 상대적으로 이득을 보는 경우가 많다. 또한 우버 운전자들에게 기존의 택시 운전사들에게 적용되고 있는 엄격한 면허증 발급요건 등의 규제가 동일하게 적용되지 않고 있어 불법 논란이 발생하고 있다.

셋째, P2P 거래를 바탕으로 한 플랫폼들이 활성화됨에 따라 세금 관련 문제도 주요한 쟁점으로 떠오르고 있다. 기존 대규모 사업자 중심의 거래 형태에서 법인세 및 소득세 부과 및 징수에 대한 관리가 비교적 용이하였으나, 공유경제의 경우 개인 간 모든 거래를 파악하고 세금을 부과하는 일은 쉽지 않다. 이에 따라 공유경제 거래가 아닌 기존 사업자들에 대한 역차별 문제가 제기될 수 있다. 이에 대한 방안으로 유럽 내 국가들에서는 에어비앤비 등 숙박 공유와 관련된 기존 호텔 등에 부과되던 관광세를 동일하게 부과하는 등의 세금 징수와 관련하여 플랫폼 기업과 기존 사업 간의 상생을 도모하고 있다.

넷째, 공유경제의 경우 일반적인 거래 형태에 비해 거래의 책임과 관련한 문제들이 더욱 논의된다. 공유 경제의 경우 온라인 플랫폼을 통해 불특정 다수 간에 거래 행위가 발생하기 때문에, 거래 당사자 상호간 정보에 대한 접근이 제한적이다. 또한 실제 거래 및 서비스가 제공되는 과정에서 소비자에게 발생하는 피해에 관하여 공급 주체가 일반 개인인 경우가 일반적이므로 이에 대한 대응이 적절하지 않는 경우가 대부분이다. 이러한 경우 거래를 중개하는 플랫폼 기업이 상호 정보를 제공하여 보험 등을 통해 문제를 해결하는 역할을 하며 노력하고 있다. 그러나 이와 관련하여 플랫폼 기업의 역할이나 범위를 어떠한 식으로 설정하느냐에 따라 문제가 달라질 수 있기 때문에 공통적으로 모든 분야와 사례를 포괄하는 법적 규제나 제재를 만들기가 어렵다는 한계점들이 존재한다.

이 밖에도 공유경제 활성화로 인한 우려사항으로 사회적 안정성 문제, 기래싱 위험, 플랫폼의 독점화 등 다양한 문제에 대한 우려가 제기되고 있다.99) 우선 대표적으로 우버, 에어비엔

---

99) 나승권외 <국제사회의 공유경제 추진현황과 시사점>

비 등과 관련하여 다양한 문제들이 빈번하게 발생함에 따라, 공유경제 확산이 유발하는 사회적 안전성 약화 문제에 대한 우려가 더욱 심화되고 있다. 이는 개인 간 거래 중심으로 불법행위에 대한 감시 및 규제가 쉽지 않다는 점에서 나타난다. 또한 온라인을 통한 불특정 다수와 개인이 거래를 하는 특성을 지니기 때문에 상대적으로 거래상 위험이 크다는 우려도 적지 않다. 마지막으로 플랫폼 독점화 문제는 IT 기반 시장 산업에 전반적으로 나타나 있는 특징으로, 한 번 자리 잡은 네트워크 기반은 시장에서 독점적 지위를 확보하는 유인으로 작용하기 때문에 공유경제 기업에서도 이러한 기술적 독점화가 발생할 것으로 예상된다.

가) 에어비앤비(Airbnb) 관련 논쟁

앞에서 언급한 우려들에 대해 좀 더 구체적인 예시를 통해 살펴보자면, 에어비앤비의 경우 여행객들에게 저렴한 숙박을 제공한다는 최초의 의도는 사업이 전개되는 과정에서 불법적인 변종 숙박업으로 변질되고 있다는 지적이 강하게 발생했다.

예를 들어 한국의 경우 서울에서 오피스텔이나 아파트를 임대하여 에버이앤비형 숙박을 제공하는 불법업자들이 급격히 늘어나고 있다. 우선 에어비앤비의 경우 숙박업 법에서 벗어나 있기 때문에 객실의 위생이나 안전검사 등을 받지 않게 된다. 소방법에 따르면 숙박업소에서는 불에 강한 방염처리 되지 않은 커튼이나 블라인드 등을 설치할 수 없지만, 이러한 규제를 적용할 방법이 없다. 오피스텔의 경우 업무시설이어서 숙박업으로 전환 시 수정해야 할 법이 많아 에어비앤비를 법 테두리 내로 편입시키는 것이 쉽지 않다. 이는 해당 법령이나 규제에 공백이 생기는 경우가 많기 때문이다.

이러한 불법적인 사례는 다른 나라에서도 유사하게 진행되고 있다. 구체적으로 에어비앤비가 실질적인 숙박업을 하면서도 세금 미납을 하며, 숙박업에 따른 안전시설을 갖추고 있지 않고, 건물주들이 불법 임대의 형태로 에어비앤비를 활용하려고 하는 경우가 많아 기존 세입자들을 내쫓는 부작용이 발생하기도 한다. 실제로 샌프란시스코에 검사장은 아파트를 관광객용 숙박시설로 개조하여 에어비앤비 비즈니스를 한 건물주들에 대해 행정처분 소송을 제기하기도 하였다. 뉴욕 주에서도 에어비앤비를 통한 불법 숙박업을 단속하고 있는 상황이다.

탈세 문제 또한 자주 대두되고 있는 사회적 문제다. 뉴욕시에서는 주택 단기 임대를 할 경우 호텔 세의 5.875%와 호텔방 이용 수수료를 부과하고 있다. 이는 임대 비용이 10달러 이상, 20달러 미만일 경우, 방 하나당 50센트가 부과되고 20달러 이상 40달러 미만이면 1달러, 그 이상이면 2달러의 호텔방 이용 수수료를 내는 것으로 규정하고 있지만, 에어비앤비의 경우 이러한 세금을 내고 있지 않아 기존 호텔업 사업자들은 차별적인 대우를 받고 있는 것으로 알려졌다.[100]

---

100) 출처 : 김형균,오재환(2013), <도시재생 소프트전략으로서 공유경제 적용방안> 활용

나) 우버 및 관련 업종 관련 논쟁

우버 공유 경제 플랫폼과 관련해서도 많은 논쟁이 발생하고 있다. 모바일을 활용한 일종의 콜택시 영업을 하는 업체인 우버는 2009년 사업을 시작해 전 세계적으로 진출해 있는 대표적인 글로벌 차량 공유 플랫폼이다. 그러나 한국의 경우 서울시와 국토교통부는 우버의 콜택시 영업을 불법으로 인식하고 있다. 서울시는 2013년 9월 우버를 경찰에 고발하였다. 택시의 경우 범죄자나 무자격자를 가려내기 위해 택시 운수종사자 자격을 관리·감독하고 있으나 우버기사의 경우 이를 검정할 방법이 마땅치 않다. 이는 시민들이 위험에 노출될 수 있는 우려를 증가 시킨다.

그래서 서울시는 2015년 1월부터 우버를 신고하는 사람에게 포상금 100만원을 지급하는 '우파라치'제도를 운영하고 있다. 경찰은 2013년 12월 기소의견으로 검찰에 사건을 송치하였다. 우버에 대한 혐의는 여객자동차 운사사업법 4조(면허), 34조(유상운송의 금지) 위반이다. 우버 운전기사들은 렌터카를 이용해 콜택시 영업을 하는 경우도 많은데, 이는 렌터카의 영업행위를 금지하는 34조에 위배되고, 자가용인 경우 '택시 면허'없이 영업을 하는 것이기 때문에 4조를 위하게 되는 것이다.[101]

해외에서도 이러한 부정적인 인식은 존재한다. 2010년 미국 샌프란시스코에 우버가 등장한 이후 2014년 1월 우버 등록기사가 6살 소녀를 치어 숨지게 하는 사건이 발생하면서 논란이 가중되었다. 2013년 미국 캘리포니아 주는 우버가 무허가 영업을 한다는 이유로 2만 달러의 벌금을 부과하였고 미국 뉴욕법원을 유사 우버인 사이드카 영업을 불법으로 판결하였으며 캘리포니아 주에서는 리프트에 대하여 2만 달러의 벌금을 부과한 적이 있다.

그러나 이러한 부정적인 시각에도, 일부 소비자들은 자신이 원하는 서비스를 저렴한 가격에 선택할 수 있는 자유를 규제하고 있는 정부에 대해 항의하고 있으며, 이러한 규제는 또 다른 미래 산업을 저해할 수 있다는 입장을 덧붙였다.

---

101) 출처 : 김형균,오재환(2013), <도시재생 소프트전략으로서 공유경제 적용방안> 활용

다) 렌터카 및 공유킥보드 논쟁

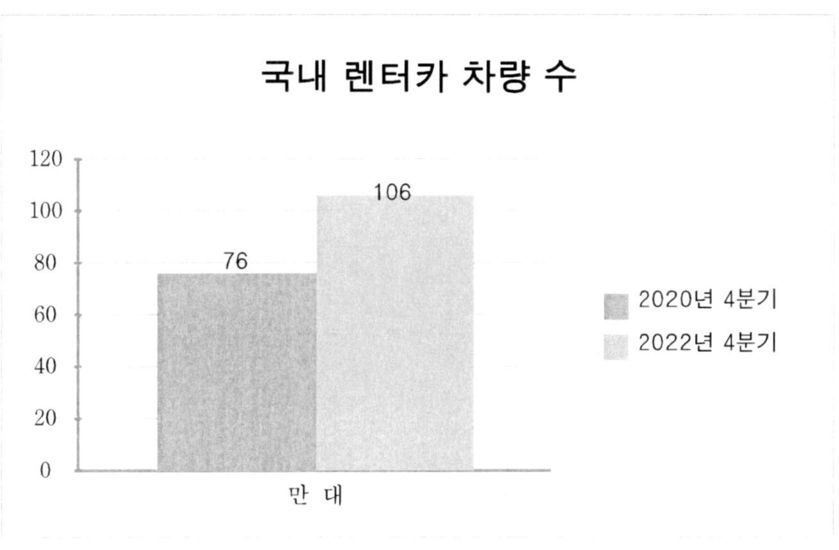

그림 64 국내 렌터카 차량수(출처: 한국렌터카사업조합연합회)

렌터카 시장은 여가문화와 관광수요의 확대로 인해 계속 성장하는 추세에 있다. 한국렌터카사업조합연합회에 따르면 렌터카 차량 수는 2020년 4분기 92만5899대에서 2022년 4분기 106만810대로 약 6.7% 증가해, 연평균 약 3.3%씩 늘었다.

그러나 최근 5년간 전체 교통사고 건수는 감소한 반면 렌터카 사고 건수는 50% 이상 급증한 것으로 나타났다. 렌터카 시장 규모가 계속 커지고 있는 상황이어서 대책이 마련되지 않는다면 교통안전이 위협받을 수 있다는 지적이다. 특히 운전 미숙이나 무면허 렌터카 사고가 이어지고 있어 본인확인 절차를 강화해야 한다는 목소리가 커지고 있다.

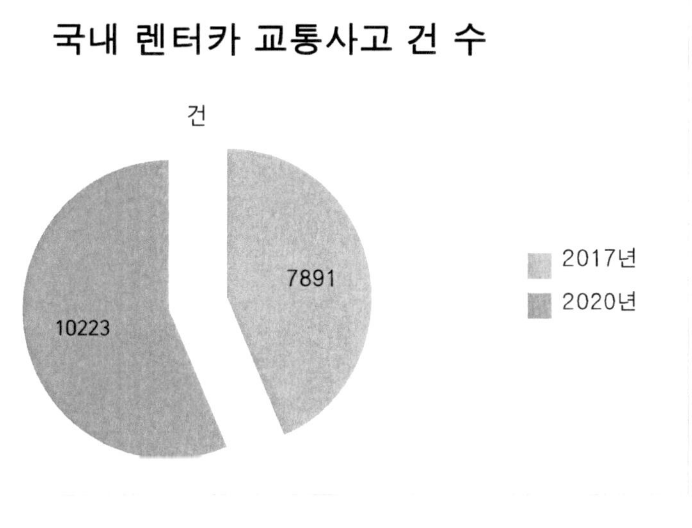

그림 65 국내 렌터카 교통사고 건 수

한국소비자원의 '안전성 취약시장 진단 및 개선방안 연구: 렌터카 시장을 중심으로' 보고서에 따르면, 렌터카 교통사고 건수는 2017년 7,891건에서 2020년 1만223건으로 약 6.7% 증가했다.

렌터카 사고의 특징은 운전이 미숙하거나 면허가 없는 10~20대 비중이 높다는 것이다. 렌터카 무면허 사고 내용을 연령대별로 살펴보면 20대 이하 비율은 2016년 237건, 2017년 353건, 2018년 366건, 2019년 375건, 2020년 399건으로 연 평균 13.9% 증감하였다.
이는 비대면 방식으로도 쉽게 차량을 빌릴 수 있게 된 환경과도 무관하지 않은 것으로 보인다. 일례로 대학생 5명이 탄 공유차량이 충남 논산 탑정호로 추락해 모두 숨진 사고가 발생했다.102)

경찰관계자는 "운전자가 커브를 예상하지 못해 제때 브레이크를 잡지 못한 것으로 보인다"라고 설명했다. 이들이 타고 있던 차량은 렌터카였고, 사고 발생 30분 전 대학 내에서 빌린 공유 차량이었다. 사고의 원인이 운전 미숙 때문이라면, 20대가 과거보다 쉽게 차량을 운전할 수 있게 된 환경은 이번 사고에서 무시할 수 없는 환경적 요인이라는 게 전문가들의 지적이다.103)

이에 따라 렌터카 소비자원은 "운전면허가 없는 운전자의 렌터카 이용을 막기 위해 사업자가 운전면허와 운전자격을 실제로 확인했는지 점검할 수 있는 제도 마련이 필요하다"며 "모바일을 통한 신분확인 서비스가 삼성, 네이버, 카카오 등에서도 이뤄질 계획이어서 렌터카 대여 시 이들 서비스와 연계해 신분증 본인확인 절차를 거치는 방안이 필요하다"고 지적했다.

한편, 최근 급속도로 성장하고 있는 공유 킥보드 시장에도 문제점이 있다. 공유 전동킥보드 이용자 수가 늘면서 관련 안전사고 발생 건수도 증가해 문제가 되고 있는 것이다. 또한, 공유 전동킥보드 반납 거치대가 따로 없는 탓에 인도나 횡단보도 등에 킥보드를 아무렇게나 내버려 두는 이용자가 적지 않아 이와 관련한 갈등 역시 커지고 있다. 엉터리 주차가 보행자와 장애인 등 교통약자의 통행과 안전을 방해하고 있기 때문이다. 더욱이, 정부의 거듭되는 도로교통법 개정으로 이용자들의 혼란을 부추기고 있다는 목소리도 나오고 있다.

요즘 인터넷에선 전동킥보드와 고라니를 합쳐 '킥라니'라 부른다. 갑자기 차도로 뛰어드는 고라니처럼, 갑자기 출몰하는 킥보드가 아찔한 사고를 불러일으킨다는 뜻이다. 한국소비자원이 발표한 자료에 따르면, 2017년부터 2021년까지 접수된 전동킥보드 안전사고는 3,421건이다. 사고 발생 나이는 20대와 30대 비중이 59%로 가장 높고, 10대 비중도 12%에 달한다. 게다가 804건(64.2%)이 운행 중 사고가 발생했으며, 운전 미숙 및 과속에 의한 사고 외에도 가드레일에 부딪히거나 과속방지턱, 싱크홀 등에 걸려 넘어진 사례도 발생했다.

기존 도로교통법상 전동킥보드는 '원동기장치자전거'로 분류돼 인도나 자전거 도로는 달릴 수 없고 오직 차도에서만 통행할 수 있었다. 하지만 최고 속도가 25km/h 이하다 보니 차도

---

102) 렌터카 '쑥쑥' 크는데 안전성 '빨간불'…사고 건수 5년새 52.4% '급증' - news1,
렌터카·전세버스 교통사고, 10·11월이 가장 많아 - 스포츠한국
103) 시동 켠 지 30분 만에 5명 죽었다…렌터카 시대의 함정. 2021.4.17. 중앙일보

에서 통행을 방해해 오히려 더 위험하다는 의견이 나오면서, 2020년 6월 개정된 도로교통법에 따라 전동킥보드도 자전거와 동일하게 자전거 도로를 이용할 수 있게 되었다.

 그러나 문제가 된 건 전동킥보드가 자전거와 같은 개인형 이동 장치로 묶이면서 이용 나이 제한이 만 16세 이상에서 만 13세 이상으로 낮아지고, 운전면허 소지 의무, 헬멧 착용 등의 처벌 조항이 사라졌다는 점이다. 이로 인해 개인형 이동 장치에 대한 교통사고와 청소년들의 교통안전에 대한 우려가 커지자 2020년 12월 개인형 이동 장치의 안전 강화와 관련된 법안이 재차 발의됐다.

 이에 2021년 5월 13일부터 재개정된 도로교통법에 따라 운전면허 없는 소비자는 전동킥보드를 탈 수 없고 만 16~17세는 원동기장치자전거 면허가 있으면 이용할 수 있게 되었다. 문제는 법 개정 이후 본격 시행까지 수개월이 소요되는데, 법 개정이 거듭되는 탓에 2021년 5월 13일까지 규제 공백이 생기면서 전동 킥보드의 소비자들과 업체들 모두 혼란에 빠지게 되었다는 것이다.104) 5월 13일부터 재개정되는 **킥보드 등 개인형이동장치(PM)에 대한 이같은 내용의 개정 도로교통법에 따르면** 현재는 면허 없이도 킥보드를 탈 수 있지만 개정 도로교통법이 시행되면 원동기 이상 면허를 소지해야 한다. 무면허로 운전 시 범칙금 10만원이 부과되며, 헬멧 미착용도 적발 대상이다. 이젠 '2인 탑승'도 금지된다. 적발 시 각각 2만원과 4만원의 범칙금을 물린다.

그림 66 Neuron Mobility

 규제 시행 한 달을 앞두고 국내에서 서비스를 제공하는 킥보드 업체들 대부분은 캠페인이나 교육을 중심으로 헬멧 착용을 권고할 계획이라고 밝혔다. 이들 업체는 헬멧 비치 방안을 고민했지만 위생 문제는 물론 2018년 서울시가 공용자전거 '따릉이' 대여소에 비치했던 공용 헬멧 대부분이 분실됐던 사례를 주목하고 있다. "공용 헬멧 이용률이 0%에 가까워 사실상 무용지물이 될 가능성이 높다"고도 했다.
 국내에서는 유일하게 '뉴런'이 헬멧을 킥보드에 비치하고 있다. 이 업체는 한국 시장에 도전장을 내민 외국계 업체다. 뉴런은 킥보드 규제가 엄격하기로 알려진 호주, 뉴질랜드, 영국에서

---

104) [생활안전] 전동킥보드, 운전면허 없이도 이용 가능할까?. - CCTV뉴스

'안전'에 집중한 사업 모델로 성공을 거뒀다. 뉴런이 강조하는 안전 장치는 세계 최초 '애플리케이션(앱) 제어식 헬멧 잠금장치'다. 모든 킥보드에 헬멧을 장착해 이를 착용해야 킥보드 운행이 가능하도록 설계한 것이다. 모든 과정은 뉴런 앱을 통해 조작 가능하다. 국내 시장에도 도입해 현재는 유일한 헬멧 비치 업체로 소비자들을 공략하고 있다.[105]

        라) 공유오피스의 한계점

 공유 오피스의 경우, 10명 미만이 사용할 때 시중의 장기 임대료보다 훨씬 저렴하게 이용할 수 있다. 하지만 사업의 규모가 커지게 되면, 인력이 늘어나고 일정 인력이 늘어나게 되면 공유 오피스의 이용가격이 더 이상 저렴하지 않게 된다. 물론 지리상 좋지 않거나 노후한 건물들의 임대는 가격이 훨씬 저렴한 편이지만, 현재 알려진 공유 오피스의 건물은 대부분 서울 역세권에 위치해 있으며, 여러 가지 좋은 시설들을 갖추고 있어 비교적 비싼 편에 속한다.

 현재 가장 많은 공유오피스 센터를 보유한 르호봇을 기준으로 월 임대료는 약 1인실이 45만원, 2인실은 60만원, 3인실 90만원, 4인식 120만원이다. 보증금과 관리비, 전기세, 난방비 등 별도의 추가 비용이 없다는 점을 고려하면 스타트업 창업자와 1인 창업자에게는 나쁘지 않은 가격대이다.

 하지만 이러한 가격은 10명 이상의 인력이 늘어날 경우 부담스러워 질 수 있는데, 위워크의 경우 강남역에 위치한 센터를 기준으로 프라이빗 오피스 임대료는 11인에서 20인 가격이 월 5백만에서 930만원 까지 한다. 또, 21명에서 50명의 월 임대료의 경우 약 2천 3백만 원의 가격대를 이루고 있다.

 이는 강남 역세권 기준으로 약 20평 규모의 사무실 임대료가 보증금 1천만 원에 월 130만원이고, 약 40평 규모의 사무실은 보증금 3천만 원, 월 350만원에 이용할 수 있는 점을 고려하면 공유오피스 보다 저렴하다는 것을 알 수 있다. 이러한 임대료는 소규모의 자금으로 사업을 시작하는 스타트업 관계자들에게는 충분히 부담이 될 수 있는 가격대다.

 또 다른 문제점으로는 공유오피스에 입주한 관계자들은 완전히 독립된 공간에서 일을 하지 못한다는 점이다. 공유 오피스 안에서 서로 공유되는 공간들이 많고 비교적 개인적인 공간은 비좁은 편이다. 그러므로 적지 않은 수의 이용자들이 자신만의 공간이 없어 일에 몰입하는 데 있어 불편을 겪을 수도 있다. 또한 최근 코로나19로 인하여 공간을 공유한다는 것이 더욱 조심스러워질 수 있다. 하지만 이러한 단점은 소규모 창업자들에게 다른 기업들과의 네트워킹을 할 수 있는 기회도 주어진다는 점을 감안 하면, 감수해야 할 불편으로 여겨지기도 한다.

 위에서 알아 본 것과 같이 공유경제를 통한 장소의 공유는 활발히 발전해나가고 있다. 빈방과 오피스를 공유하는 개념뿐만 아니라 한 개인의 텃밭이나 주차 공간 또는 불필요한 공간들을 그 공간을 필요로 하는 사람들에게 공유하는 개념에서의 플랫폼들이 생겨나고 있다. 하지민 이러한 공간의 공유 과정 속에서 생겨나는 문제점들 또한 무시할 수 없을 것이다.

---

105) 춘추전국 공유킥보드, 이번엔 '헬멧규제'…시장판도 흔들까. - 한국경제

마) 물건 공유의 플랫폼의 한계점

물건 공유경제 기업들은 물품 공유를 이용한 사업을 진행 시켜 사회나 소비자들에게 긍정적인 요소를 제공하고 있다. 하지만 이러한 장점들 이면에는 몇 가지 한계점들이 있다. 일단 물품의 공유는 기본적으로 공유되는 상품의 상태가 가장 중요하다. 물품을 받아 봤을 때 사용 가능한 상태여야 다음 거래로부터 신뢰를 얻을 수 있다. 이러한 신뢰가 물품 공유의 지속적인 발생을 야기한다. 공유경제 기업은 물품의 지속적인 거래가 발생하여야 그로부터 수익성을 남길 수 있다. 또한 물품을 사용하고 난 후의 상태도 간과할 수 없는데, 이는 하나 상품이 단순 일회성의 특징을 지니는 것이 아니라 지속적으로 이용 가능해야 되기 때문이다.

이처럼 물품 공유 서비스의 주된 문제는 '지속가능성'이다. 예컨대, 앞에서 언급했던 '열린 옷장'의 경우에도 비영리 단체이지만, 지속가능한 수익성이 없다면 그 사업을 이끌어 나갈 수 없을 것이다. 공급과 수요가 일정 부분의 균형을 이루어야 사업에 대한 수익과 발전을 기대해 볼 수 있을 것이다.

바) 재능공유 플랫폼 관련 논쟁

재능공유 플랫폼에 대한 논쟁도 존재한다. 특히 예술 쪽 프리랜서의 경우, 제공하는 서비스들의 가격이 전부 하향 평준화되어 예술가들의 '제 살 깎아먹기'라고 불리기도 한다. 예술적 가치나 창의성을 포기하고, 가격 경쟁에서 살아남기 위해 남들보다 더 낮은 가격의 서비스를 제공하는데에 있어 일각에서는 예술 쪽 생태계를 무너뜨린다는 의견이 분분하다.

또한 판매자에게 이중부담을 안겨주는 수수료 정책에 대한 비판의 목소리도 나온다. 통상적으로 판매자와 구매자 모두에게 수수료를 요구하는 타 분야 플랫폼 사업 모델과 달리, 크몽과 숨고는 판매자에게만 수수료를 부과한다. 일거리를 얻기 위해 출혈 경쟁을 하는 판매자로서는 수수료까지 부담해야 하는 이중고를 떠안는 셈이다.

재능 공유 플랫폼 사업자들은 현재 재능 판매자들을 수익 모델로 삼고 있다. 크몽의 경우 거래 금액에 따라 판매 수수료를 차등 적용한다. 거래 금액이 50만 원 이하면 15%, 50만 원 초과 200만 원 이하면 8%, 200만 원 초과는 3%를 판매 수수료로 책정한다.

특이한 점은 크몽이 수수료를 역 누진제로 받고 있다는 점이다. 가령 중국어 회화 재능 판매자가 250만 원에 구매자와 거래를 했다면, 250만 원 중 50만 원은 15%(7만5천원), 150만 원은 8%(12만 원), 나머지 50만 원은 3%(만 오천원)가 수수료로 발생한다.

이에 대해 크몽 관계자는 "고가의 거래가 발생하는 판매자일수록 더 저렴하게 크몽을 이용하게 하려는 목적으로 역 누진제를 도입했다. 크몽과 유사한 형태의 해외 비즈니스 플랫폼은 일률적으로 20% 수수료를 책정한다"고 설명했다.

숨고는 크몽과 수익 모델이 다르다. 구매자는 자신이 원하는 분야에 등록된 모든 재능 판매자에게 무료로 견적을 요청할 수 있다. 요청서를 받은 판매자들은 구매자에게 견적서를 보낼 수 있는데, 이때 비용이 발생한다. 견적 메시지는 건당 2700원이다. 만약 구매자가 판매자 견적서를 일정 기간 내에 확인하지 않을 경우 메시지 수수료는 환불된다.

숨고에 판매자로 등록한 C 씨는 한 온라인 커뮤니티사이트에 "구매자 요청에 대한 답변을 통해 계약을 맺을 수 있기 때문에 견적서 전송은 필수다. 그때마다 비용을 부담해야 한다. 문제는 구매자와 실제 거래로 이어지는 경우가 드물다는 점"이라며 "구매자는 부담 없이 견적 메시지를 확인할 수 있어 숨고의 메시지 수수료 환불 정책도 판매자에겐 무의미하다. 판매자는 계속해서 발품 파는 데 돈을 써야 하고, 구매자들은 저렴한 비용이 우선순위라 질적으로 좋지 못한 서비스를 받게 되는 구조 같다"며 불만을 토로했다.106)

한편, 신종 코로나바이러스 감염증(코로나19) 이후로 비대면 플랫폼 이용이 늘었지만 노동자들의 만족도는 높지 않은 것으로 나타났다. 2021.2.1. 서울 중구 스페이스노아에서 열린 '온라인 플랫폼 노동 실태조사 토론회'에서는 크몽, 숨고, 위시켓, 라우드소싱, 오투잡 등 온라인 플랫폼을 통해 서비스를 제공한 경험이 있는 청년(만 19~39세) 116명을 대상으로 한 설문조사 결과가 공개되었다.

응답한 청년 플랫폼 노동자 대부분은 플랫폼을 부업으로 이용했으며 일시적 일자리로 활용했다. 전체 수입에서 플랫폼을 통한 수입이 20% 이내에 불과하다는 응답은 57% 수준이었다. 플랫폼 노동 기간이 2년 미만이라는 응답은 86%에 이르렀다.

일감을 확보할 인적 네트워크가 부족한 청년들이 사회생활 초기 진입 수단으로 플랫폼을 활용하는 경우도 많았다. 플랫폼을 초반 인맥이나 경력 형성 수단으로 생각한다는 응답은 29% 수준이었다.

하지만 플랫폼에 대한 만족도는 낮았다. '만족스럽다'는 응답은 23%로 '불만족스럽다'는 응답 46%의 절반에 불과했다. '플랫폼이 가져가는 수수료'(30%), '낮은 작업단가'(27%), '과도한 경쟁과 일감부족'(24%) 순으로 나타났다. 특히 대표적인 온라인 플랫폼인 크몽의 경우 플랫폼사가 가져가는 수수료가 20%에 달했다.

이에 예술대학생네트워크는 "예술 대학생들이 느끼는 '단가 후려치기'와 '열정페이' 문제가 온라인 플랫폼 등장 이후 더욱 심해졌다"고 언급했으며, 경기청년유니온 위원장은 "플랫폼이 프리랜서 노동의 실태를 더욱 악화시키고 있다"면서 "온라인 플랫폼에 대한 규제가 필요하다"고 주장했다.107)

---

106) 판매자만 이중부담? 크몽·숨고 '재능 마켓'의 딜레마. - 비즈한국
107) 코로나에 크몽·숨고 등 플랫폼 이용 늘었지만…노동자 만족도는 낮아. - news1뉴스

2) 나라별 법적 규제 및 대응

이러한 공유 경제 산업에 대한 부정적인 시각과 소비자들에 요구에 대해, 각 나라별로 서로 다른 규제 방안을 내놓고 있다. 대표적인 공유경제 성장 국가, 미국과 중국의 경우를 살펴보자.

가) 해외

미국 국세청(IRS)은 공유경제로부터 벌어들인 소득이 있는 납세자의 납세의무 이행을 돕고 신고 납부하는 편의를 도모하기 위하여 '공유경제 세무가이드'를 발표했다. 이에 따라, 미국은 에어비앤비를 통하여 타인에게 방을 임대하는 경우나 우버를 통하여 운전한 경우 등 공유경제에 참여함으로써 얻은 소득은 과세대상이 되며, 물건의 교환 또한 과세대상 소득으로 규정하고 있다.

미국 국세청(IRS)에서 제시한 공유경제에 대한 세무가이드의 주요 내용은 다음과 같다. 첫째, 공유경제는 일반적으로 과세대상이라는 점이다. 이때 대금의 결제가 현금인지, 사업의 부수적인지 또는 부업인지는 중요하지 않다.

둘째, 요건을 갖춘 납세자들은 사업비용을 공제할 수 있다. 예를 들면, 공유경제 사업을 위하여 자동차를 사용하는 납세자는 2016년 기준으로 마일당 54센트의 표준공제가 가능하며, 집이나 아파트의 임대 소득을 받는 경우 특정 경비는 한도를 적용하여 공제할 수 있다. 더불어 주택담보 대출이자, 부동산세, 재해손실, 감가상각 등의 비용공제도 이뤄질 수 있다.
셋째, 납세자가 집, 아파트 또는 다른 주거지를 임대하고 그곳에 살면 특별규칙이 적용된다. 또한 납세자는 국세청(IRS) 홈페이지에서 제공하는 대화형 세금보조도구(Interactive Tax Assistant)를 통하여 주거용 임대수입이 과세대상인지 여부 및 임대부동산과 관련된 비용이 공제대상인지 여부를 결정할 수 있도록 하는 도구를 이용할 수도 있다.

한편, 주거시설을 임대목적과 자가사용목적 모두에 대하여 사용하는 경우 일반적으로 총비용을 각 목적에 사용된 면적과 일수에 따라 나누어야 한다. 국세청(IRS)에서 제시하는 주거용 건물 임대의 공유경제에 대한 사례는 다음과 같다.

A씨는 온라인 앱을 사용하여 2017년에 집을 73일 동안 임대했다. 집 전체 면적은 1,800평방피트이며, 임대면적은 180평방피트(12×15피트)인 경우 임대 사용면적을 총 면적으로 나눈 비율인 10%를 임대비용으로 공제할 수 있다. 또한 여기에 해당연도 중 방을 임대한 기간을 반영하여야 한다. 따라서 집 전체에 대한 연간 난방 요금이 $600인 경우, 임대비용은 $12이다. 나머지 $588는 공유경제로 인한 소득에서 공제할 수 없는 경비이다. 또한 총임대소득 제한을 초과하여서는 임대비용을 공제할 수 없다.[108]

---

108) [해외소식] 공유경제에 대한 국가별 대응 - 미국과 일본.
공유허브 hwk@honghapvalley.org

다음으로 중국의 정책을 살펴보자. 중국 정부는 자국 내 공유경제를 제도화하고 시장 활성화를 도모하기 위해 지난 2016년 13차 5개년 계획에서 공유경제가 주요 육성산업으로 언급된 이래, 여러 차례에 걸친 정책발표를 통해 세부 산업별 관리감독 체계를 수립 중이다.

부문	시기	부처	관련 정책 명칭
숙박공유	2018.11	국가정보센터	《共享住宿服务规范》 - 숙박공유 서비스 규범
차량공유	2016.07	교통운수부	《网络预约出租汽车经营服务管理暂行办法》 - 온라인 차량예약서비스 잠정 관리 방법
	2017.08	교통운수부 주택건설부	《关于促进小微型客车租赁健康发展的指导意见》 - 차량임대 발전 촉진을 위한 지도 의견
	2018.09	교통운수부 공안부	《关于进一步加强网络预约出租汽车和私人小客车合乘安全管理的紧急通知》 - 온라인 차량예약과 개인 소형차 합승 안전관리 강화에 대한 긴급통지
음식배달	2018.01	국무원	《网络餐饮服务食品安全监督管理办法》 - 온라인 음식서비스 식품안전 관리감독 방법
	2018.07	식약감독총국	《餐饮服务食品安全操作规范》 - 음식서비스 식품 안전 시행 규범
생산력	2019.10	공업정보화부	《关于加快培育共享制造新模式新业态, 促进制造业高质量发展的指导意见》 - 제조공유 신모델 육성 가속화 및 제조업 업그레이드 지도 의견

숙박공유 서비스 규범의 경우 각 당사자들 간의 의무와 역할 등을 상세히 정함으로써 공유숙박 시장의 기본 규범을 제시했으며, 차량공유의 경우 도시별 교통시스템과 양립 가능한 차량공유 체계를 확립하도록 지도하고 있다.

차량공유 사업자는 차량진단, 유지 및 주차관리, 개인정보 보호와 빅 데이터, 보안 등 기술을 통해 시간·장소별 수요공급에 따른 배차와 비용 지불을 가능토록 규정하였고, 특히 주차공간이 부족한 지역(상업센터, 공공업무지구 등)에서 차량공유 서비스를 촉진하고 표준계약서, 분쟁해결 등 관련 제도와 표준을 마련하도록 지도하고 있다.

이에 따라 중국의 각 지방 정부들도 공유경제 추진과 관련한 구체적인 정책들을 발표하고 시행 중이나. 성두시(成都)의 경우 지난 2018년 1월 23일 <공유경제 발전 추진 실시방안>을 발표하고 생산성과 생활서비스 2개 영역에서 9가지 추진 방향을 제시했다. 주요 목표로 2020년까지 공유경제 관련 가젤기업 10개 육성, 잠재 유니콘 기업 5개, 유니콘 기업 1개 육성 추진

등을 제시한 것으로 알려졌다.

 한편, 중국의 공업정보화부는 최근 빠르게 확대되는 생산력 공유시장의 안정적인 발전을 위한 정책을 발표했다. 주요 목표로 2022년까지 20개 공유제조 시범 플랫폼 건설과 50개의 공유제조 시범사업 시행 등을 제시했고, 이를 위한 주요 과제와 지원 정책을 제시했다.[109]

<table>
<tr><td>

□ **추진 방향**
 ○ 제조능력 공유를 중심으로, 혁신과 서비스 능력의 공유 협동발전 추진
 ○ 가공, 제조능력의 공유혁신과 함께 생산설비, 전용공구, 생산라인 등 제조 자원의 공유 플랫폼 중점 개발
 ○ 공장 협동을 통한 공유제조 서비스 개발, 중소기업 공통 제조수요 기반의 공유공장 건설 등.
□ **주요 목표**
 ○ 2022년까지 20개 공유제조 시범 플랫폼 수립
 ○ 50개의 공유제조 시범사업 추진
 ○ 공유제조 발전을 위한 신용체계, 표준체계 등 지원
□ **주요 임무**
 (1) 공유제조 플랫폼 육성 : 플랫폼 건설 적극 추진, 플랫폼 응용 장려, 업그레이드
 (2) 산업 클러스터를 통한 공유제조 발전: 공유공장 건설, 공공기술센터 지원, 서비스 공유 적극 추진
 (3) 공유제조 발전 생태계 조성 : 대기업들의 역량 공유 개방, 신용시스템 및 표준체계 완성
 (4) 디지털 기반 강화 : 기업 디지털화 수준 제고, 신형 기초설비 도입(5G, 인공지능, 사물인터넷 등) 등
□ **지원 정책**
 (1) 조직 강화
 - 공유제조 산업 연합 수립, 제조기업과 인터넷 주요 기업 및 관련 연구기구 연합 지원 등
 - 플랫폼 기업 등의 적극적인 국제협력 추진, 공유제조 플랫폼에 대한 관리감독 강화
 - 관련 표준연구, 응용확산, 신용평가 및 주요 이슈에 대한 연구, 보고서 발표, 업계 교류 등 추진
 (2) 시범 인도
 - 시범사업 참여기업 선발 시 기초 여건, 수요가 있고 시범효과가 기대되며 광범위한 보급이 가능한 공유제조
시범 플랫폼 및 사업을 선발
 - 시범사업 시행과정 중의 새로운 경험을 축적하고 이를 총괄, 평가한 뒤 경험에 대한 교류와 프로모션 강화,
공유제조의 타업계 응용심화 및 혁신발전 추진
 (3) 정책지지 강화 : 다양한 자금지원, 금융서비스 등을 지원할 수 있도록 정책적 조치 지원 독려
 (4) 인재양성 강화

</td></tr>
</table>

표 11 중국의 '제조공유 신모델 육성, 제조업 업그레이드 지도의견' 주요 내용

---

109) 「Trade Brief 중국 공유경제 시장 현황 및 시사점」 - No.2 한국무역협회 국제무역통상연구원

나) 국내

국내에서도 정부의 공유경제 지원 정책이 분야별로 하나둘씩 구체화되고 있는 상황이다. 먼저, 숙박 분야에 있어서 내국인을 대상으로 한 도시민박업을 제도화하면서 기존 숙박업 관계자들과 상생을 추구하는 방향으로 관련 정책이 다듬어지고 있다.

또한 도시의 비어있는 공간을 숙박용 공간으로 제공할 수 있도록 관광진흥법이 개정되고 있으며, 기존 숙박업 종사자들과 갈등이 생기지 않도록 영업 일수를 연간 180일 이내로 제한하고, 기존 숙박업자들에게 융자지원, 근로자 근로수당의 비과세 혜택 등을 제공하고 있다.

공간 분야에서는 거주자 우선 주차장의 공유를 활성화하거나 주거공유 시 분쟁 방지를 위한 표준계약서를 제안하고, 청년창업 촉진을 위해 공유재산의 사용료를 감경해주는 정책을 펴고 있다.110)

한편 카셰어링 등 공유 모빌리티 산업은 '뜨거운 감자'다. 신규 플랫폼과 서비스가 쏟아져나오고 있지만, 이를 지원하고 보완할 정책을 세우기는 쉽지 않기 때문이다. 최근에는 여객자동차 운수사업법 개정안(여객운수법)이 국회를 통과하면서 상황이 약간 진정된 추세다. 국토교통부는 플랫폼 사업을 운송·가맹·중개 등으로 구분하고 모빌리티 기업들이 제도권 안에서 사업을 할 수 있도록 지원한다고 밝혔다.

여객과 물류, 퍼스널모빌리티 등 모빌리티 산업계가 공통적으로 갖는 문제점은 기존 산업과의 갈등이 심하다는 것과 제도적 정비가 제대로 마련되지 않았다는 것이다. 정부는 대통령 직속 4차산업혁명위원회와 규제 샌드박스를 마련해 다양한 실험이 가능하도록 한다는 입장이지만, 현장에서는 더 확실한 지원이 필요하다는 목소리가 나오고 있다.

업계 전문가들은 지난 3년간의 정부 모빌리티 정책을 C로 평가했다. 현장의 목소리를 듣고 다양한 노력을 하는 것처럼 보이긴 했으나 실제로 시행된 것은 없다는 이유에서다.

업계 전문가는 "결과를 놓고 보면 규제를 혁신한 분야가 없다"며 "규제 샌드박스나 4차위 등을 도입했지만, 결국 기존 산업의 논리에 밀린 것"이라고 평가했다. 또한 "타다를 예로 들면 새로운 서비스가 등장하면서 기존 서비스에 만족하지 못하던 소비자에게 만족을 준 건데, 정부가 그런 가치창출을 고려하지 않고 목소리 큰 쪽의 눈치만 봤다"면서 "정부가 어중간한 태도를 보이는데 기업가들이 무얼 믿고 혁신적인 서비스를 내놓을 수 있을지 모르겠다"고 비판했다.

다만 행정부의 노력과 국회의 노력을 분리해서 볼 필요는 있다고 지적했다. 정부나 국토부가 상생을 위해 대화를 시도했던 것들은 긍정적으로 봐야 한다면서 최근 규제 샌드박스를 통과한 수요응납형 마을버스나 반반택시 등 행정부가 주관하는 사업은 조금씩 진보가 있었다고 말했

---

110) 세계적 흐름 속 우리나라의 공유경제 정책은? - 과학기술인공제회

다. 이어 "결과적으로 행정부보다는 국회가 제 역할을 하지 못한 것"이라며 "행정부는 다양한
시도를 하려고 했지만 법 체계 때문에 강력하게 작동하지 못했다고 본다"고 평가했다.

 스타트업과 신산업에 한해 최소한의 규제를 요구하는 목소리도 나왔다. 위정현 중앙대학교
교수는 "새로운 산업이나 플랫폼이 나왔을 때 정부는 초기 단계에서 가능한 한 규제를 적게
하고 의도적으로 내버려둬야 한다"며 "산업이 일정 수준으로 커졌을 때 제도적 정비를 고려해
야 하며, 그렇지 않은 경우 새로운 산업이 등장하기도 전에 죽여버리게 될 수 있다"고 말했
다.111)

111) 공유경제 정책, C학점...전통 산업과 갈등 여전해. - ZDnet Korea

VI. 시사점 및 전망

6. 시사점 및 전망

이번 보고서는 현재 성장하고 있는 경제 경향 중 하나인 공유경제에 대해 알아보았다. 공유경제의 의미를 좀 더 구체적으로 나누어 살펴보았으며, 그에 따른 특징이나, 장·단점들에 대해 조사해보았다. 이로부터 공유경제 유형에 따라 수많은 공유경제 플랫폼 기업들이 발전하고 있고, 사라져 가고 있다.

공유경제는 고가의 상품을 유휴자산으로부터 벗어나게 해주는 것을 넘어서, 다양한 유·무형의 물체를 공유하고, 새로운 형태의 경제 활동을 가능케 한다. 하지만 이러한 경제활동이 이전까지 없었던 완전히 새로운 경제활동을 뜻하는 것은 아니며, 과거의 경제활동에 새로운 기술을 접목하여 변형된 형태라고 말할 수 있다.

이처럼 모든 경제활동은 시간이 지남에 따라, 그 당시의 환경과 기술의 따라, 지속적으로 변화하고 있다. 또한 이렇게 변형되어 새롭게 형성되는 경제활동 경향에 따라 그에 맞는 산업들이 등장하고 이러한 경제활동에 참여하는 사람들이 등장하기 시작했다. 그리고 그 산업은 다시 발전에서 경쟁까지 무수한 과정을 거쳐 하나의 경제활동 유형으로 자리 잡게 되는 것이다.

하지만 이러한 과정 속에서 새롭게 생겨나는 기술력과 산업들이 속도를 따라가지 못하거나 기존 산업에 대한 보호나 새롭게 생겨나는 산업에 대한 규제가 적절한 균형을 이루지 못하기도 한다.

매년 공유경제 시장은 눈에 띄게 성장하고 있고 관련 플랫폼 사업들은 더욱 더 발전하고 있다. 이와 더불어 지속적으로 성장하고 있는 ICT 기술력과 4차 혁명 관련 기술들이 공유경제 시장과 맞물린다면 우리가 상상할 수 없는 속도와 다양한 모습으로 발전될 것이다. 하지만 이러한 과정 속에서 도태되고 있고, 피해보고 있는 기존 산업과의 마찰은 항상 논쟁거리로 대두되곤 한다.

이러한 상황 속에서 더 이상 발전될 가능성이 적은 산업이 새로운 산업을 대체한다는 것은 다양한 이치처럼 들릴지 모르지만, 기존 산업이 없었다면 새로운 형태의 산업은 발전할 수 없었을 것이고, 기존 산업의 피해자들 또한 한 명의 고객이자 소비자이기 때문에 사회적 가치 창출을 본래의 목적으로 하고 있는 공유경제 하에서 이에 대한 해결책과 대응책은 하루 빨리 만들어져야 한다.

또한 변화의 과정 속에서 미흡한 법의 공백을 이용하여 이익을 취하는 사례나, 법적 규제가 갖춰지지 않아 다른 소비자들에게 피해를 주는 경우가 발생하기 때문에 각국 정부는 이에 대해 적당한 규제나 대응방안을 조속히 설정해 주어야 할 것이다.

VII. 참고 문헌

7. 참고 문헌

1) [네이버 지식백과] 공유경제 (시사상식사전, 박문각)

2) 산업통산자원부

3) 성낙환(2014.). 공유경제, 소비자들의 롱테일 수요 깨운다. ≪LG비즈니스인사이트≫

4) 크라우드산업연구소, "공유경제 이야기" 교육자료, 2013.07.04

5) PWC.NH투자증권

6) 공유경제정보센터

7) 크라우드산업연구소·위즈돔(2013), <새로운 대한민국을 꿈꾸는 기업들 통해 살펴본 공유경제>, "서울, 공유경제를 만나다"기념 연구 보고서, 서울특별시.

8) [네이버 지식백과] 공유지의 비극 [The Tragedy of the Commons] (선샤인 논술사전, 2007. 12. 17., 인물과사상사)

9) 르파리지엥

10) 산업통상자원부, 2015.3.10. 공유경제_현황_ 및_시사점_연구,

11) [네이버 지식백과] 크라우드소싱 [Crowdsourcing] (한경 경제용어사전, 한국경제신문/한경닷컴)

12) "C2B의 흐름을 읽어라", 이은호,2017.10.21

13) NESTA(2014), <Making Sense of The UK Collaborative Economy>의 내용을 정리 및 추가

14) "On Demand Everything" Steven schlafman 2014.04.29

15) SKT T square 사내 강연 발표자료 Published on Jul 28, 2017

16) "숙박 중개 플랫폼 기업, 에어비앤비는 어떻게 시작하였는가?" blog 발췌

17) 이용성, 이코노미조선, 2017.01.23. 07:51 <에어비앤비 충격 이후 658조원 호텔..>

18) [코로나 시대, 에어비앤비의 위기 극복법] '온라인 체험 서비스'로 여행은 계속 된다. 2021.2.15. 중앙시사매거진

19) 코로나로 망하는줄 알았는데…에어비앤비 '상장 대박'으로 화려한 데뷔. 2020.12.11.이데일리

20) 온라인 디지털 경제미디어 키뉴스(KINEWS)(http://www.kinews.net)

21) [팬데믹이후 공유오피스-下] 변화하는 공유오피스시장과 전략. 2021.2.24. 비즈트리뷴

22) 공유 오피스, 사무실 문화- 부동산 시장의 게임 체인저 될까. 2021.04. 동아비즈니스리뷰

23) "공유오피스의 진화", 빌딩솔루션 통해 건물주와 상생 윈윈 프로그램 으로 긍정효과.2021.4.20.데일리경제

24) "코로나는 공유오피스에 위기 아닌 기회…작년 매출 20% 늘어". 2021.4.14. 한국경제

25) 공유 오피스, 사무실 문화- 부동산 시장의 게임 체인저 될까. 2021.04. 동아비즈니스리뷰

26) 공유오피스 지각변동…위워크 주춤, 토종 약진. 2020.7.19. 매일경제

27) 코로나에 덩치 키운 공유오피스…수익 개선 '박차'. 2020.4.8. 이데일리

28) [네이버포스트] 돈이되는 정보를 담다-공유경제 플랫폼. 2021.4.20. 푸르덴셜생명

29) 외식 대세는 배달…KT '공유주방' 시장 뛰어들었다. 2021.03.11. 머니투데이

30) 소진공 "소상공인 재기 도울 공유주방 찾아요". 2021.3.12. 머니투데이

31) 위기의 외식업, '공유주방'으로 돌파구 찾을까.2021.3.24.KBS뉴스
32) 공유 플랫폼 '쉘리', 개인 간 물품 대여 서비스 제공. 2020.12.6. 파이낸스투데이
33) [인터뷰] 김소령 열린옷장 대표 "정장 한 벌로 취준생도 '멋질 권리' 되찾기를". 2021.01.11. 서울경제
34) 피카프로젝트, 블록체인 기반의 예술품 공유 플랫폼 '피카아트머니' 출시.2020.10.5.환경일보
35) [네이버 지식백과] MOOC - 전세계 대학 수업을 온라인으로 듣다 (용어로 보는 IT)
36) 출처: 코세라 홈페이지
37) [네이버 지식백과] 코세라 [coursera] - 온라인 교육의 새로운 장을 열다 (용어로 보는 IT)
38) 클래스101, 탈잉 등 교육 플랫폼 '몸값' 고공행진. 2021.2.28. 파이낸셜 뉴스
39) 클래스101 '크리에이티드 바이' 서비스 출시. 2021.4.12. ZDnet Korea
40) 모빌리티, '소유'서 '공유'로 변화. 2021.04.20. 글로벌에픽
41) [네이버 지식백과] 우버 - 차량도 기사도 없는 택시 서비스 (용어로 보는 IT)
42) 결국 한국 법정 서게 된 '우버서비스', 2014.12.25. 국민일보
43) 강상욱외, 2015.04 <우버의 출현과 택시시장의 변화>
44) '모빌리티 大戰' 우버-티맵 동맹 '우티(UT)' 출격…카카오 아성에 도전.2021.4.1.조선비즈
45) 출처: 박준식, AUTOM "다음 창업자 이재웅, 쏘카로 어느새 3000억" 2015.11.19
46) 네이버 블로그 <사회적 경제 속 사회적 기업 엔터테이...>, 2016.05.10
47) 타다금지법 오늘부터 시행…국토부 말처럼 '제2의 타다' 나올 수 있을까.2021.4.8.조선비즈
48) '타다' 멈춘 쏘카, 지난해 영업손실 63% 줄였다. 2021.3.29. news1
49) [AI 시장 경쟁 구도Ⅱ] 카카오-구글와 SKT-우버, 모밀리티 시장 선점 위한 결전. 2021.4.26. 헬로티산업경제
50) '카셰어링' 뛰어든 카카오, 시장 1위 '쏘카'와 정면승부 예고. 2021.3.20. 비즈팩트
51) '뜨는' 스쿠터·자전거에 '달리는' 자전거주. 2021.4.7. 대한경제
52) 공유자전거 '카카오T 바이크' 부산 진출…해운대 광안리 등 운영. 2021.4.22. 부산일보
53) 공유자전거 서비스 나선 KT…옴니시스템과 수원시서 서비스. 2020.9.21. 뉴스핌
54) KT, 고양시 공유자전거 타조(TAZO) 운영.2020.03.15.이데일리
55) 잘 나가는 '따릉이'에 삼천리·알톤 울상. 2021.4.22. 서울경제
56) 공유 전동킥보드 시장, 새해에도 킥고잉·라임·씽씽 3파전. 2021.02.16. 시사포커스
57) 공유 모빌리티, 코로나시대 '비대면 이동수단' 각광… 국내 시장규모 3년새 3배 커져. 2021.1.26. 문화일보
58) 현대차, 개방형 라스트마일 모빌리티 플랫폼 '제트' 구축 완료. 2019.8.12.신아일보
59) 네이버도 공유킥보드 시장 진출한다…산업부 실증사업 참여. 2021.4.26. 이데일리
60) 매경이코노미 "[cover story 3]21세기…"2015.07.13
61) 대한민국정책브리핑-공유경제. 2020.3.15. 문화체육관광부
62) 『미국 공유경제 서비스 동향 및 시사점』 2020.1.29. 한국무역협회 뉴욕지부
63) '공유경제' 질주하는 中, 가로믹힌 韓. 2019.1.4. 머니투네이
64) 소유의 시대가 가고, 공유의 시대가 왔다! 공유경제는 전 세계 혁신의 트렌드!, 2019.1.14. 통계청

65) 쏘카, 카세어링 성장 힘입어 영업손실폭 63% 줄여. 2021.3.29. 서울경제

66) 김태환, INVEST "공유경제와 소비...", 2017.02.06

67) 그린카, '한국소비자 평가 최고의 브랜드' 카세어링 부문 대상. 2021.3.6. 뉴시스

68) 삼성·LG '40조' 렌탈 시장을 잡아라. 2021.5.10. 뉴스웨이

69) 나승권외 <국제사회의 공유경제 추진현황과 시사점>, 2017.12.10

70) 김형균,오재환(2013), <도시재생 소프트전략으로서 공유경제 적용방안> 활용

71) 렌터카 '쑥쑥' 크는데 안전성 '빨간불'…사고 건수 5년새 52.4% '급증'.2021.4.25. news1

72) 시동 켠 지 30분 만에 5명 죽었다…렌터카 시대의 함정. 2021.4.17. 중앙일보

73) [생활안전] 전동킥보드, 운전면허 없이도 이용 가능할까?. 2021.4.21. CCTV뉴스

74) 춘추전국 공유킥보드, 이번엔 '헬멧규제'…시장판도 흔들까. 2021.04.16. 한국경제

75) 판매자만 이중부담? 크몽·숨고 '재능 마켓'의 딜레마. 2020.3.31. 비즈한국

76) 코로나에 크몽·숨고 등 플랫폼 이용 늘었지만…노동자 만족도는 낮아. 2021.2.1. news1뉴스

77) [해외소식] 공유경제에 대한 국가별 대응
미국과 일본. 2019.9.4. 공유허브 hwk@honghapvalley.org

78) 「Trade Brief 중국 공유경제 시장 현황 및 시사점」 2020.01.20. No.2 한국무역협회 국제무역통상연구원

79) 세계적 흐름 속 우리나라의 공유경제 정책은? 2020.9.15. 과학기술인공제회

80) 공유경제 정책, C학점...전통 산업과 갈등 여전해. 2020.5.12. ZDnet Korea

초판 1쇄 인쇄 2018년 8월 1일
초판 1쇄 발행 2018년 8월 6일
개정판 발행 2021년 6월 7일
개정2판 발행 2023년 8월 14일

편저 ㈜비피기술거래
펴낸곳 비티타임즈
발행자번호 959406
주소 전북 전주시 서신동 780-2   3층
대표전화 063 277 3557
팩스 063 277 3558
이메일 bpj3558@naver.com
ISBN   979-11-6345-456-4(93320)
가격 66,000원

이 도서의 국립중앙도서관 출판예정도서목록(CIP)은 서지정보유통지원시스템 홈페이지
(http://seoji.nl.go.kr) 와 국가자료공동목록시스템 (http://www.nl.go.kr/kolisnet)에서 이용하실 수 있
습니다.